張元濟 著

校史隨筆

貴州出版集團
貴州人民出版社

圖書在版編目（CIP）數據

校史隨筆 / 張元濟著 . -- 貴陽 : 貴州人民出版社 , 2024. 9. -- ISBN 978-7-221-18645-4

Ⅰ . K204.1

中國國家版本館 CIP 數據核字第 2024MA3274 號

校史隨筆

張元濟　著

出 版 人　朱文迅
責任編輯　辜　亞
裝幀設計　采薇閣
責任印製　衆信科技

出版發行　貴州出版集團　貴州人民出版社
地　　址　貴陽市觀山湖區中天會展城會展東路 SOHO 辦公區 A 座
印　　刷　三河市金兆印刷裝訂有限公司
版　　次　2024 年 9 月第 1 版
印　　次　2024 年 9 月第 1 次印刷
開　　本　710 毫米 ×1000 毫米 1/16
印　　張　16.5
字　　數　99 千字
書　　號　ISBN 978-7-221-18645-4
定　　價　88.00 元

出版説明

《近代學術著作叢刊》選取近代學人學術著作共九十種，編例如次：

一、本叢刊遴選之近代學人均屬于晚清民國時期，卒于一九一二年以後，一九七五年之前。

二、本叢刊遴選之近代學術著作涵蓋哲學、語言文字學、文學、史學、政治學、社會學、目録學、藝術學、法學、生物學、建築學、地理學等，在相關學術領域均具有代表性，在學術研究方法上體現了新舊交融的時代特色。

三、本叢刊遴選之近代學術著作的文獻形態包括傳統古籍與現代排印本，爲避免重新排印時出錯，本叢刊據原本原貌影印出版。原書字體字號、排版格式均未作大的改變，原書之序跋、附注皆予保留。

四、本叢刊爲每種著作編排現代目録，保留原書頁碼。

五、少數學術著作原書内容有些許破損之處，编者以不改變版本内容爲前提，稍加修補，難以修復之處保留原貌。

六、原版書中個别錯訛之處，皆照原樣影印，未作修改。

由于叢刊規模較大，不足之處，懇請讀者不吝指正。

校史隨筆 目録

序言

歲在辛未上海涵芬樓彙集宋元古本及明槧舊鈔影印二十四史至丁丑歲而訖功蓋自乾隆武英殿敕刊之始洎同治五局合刻以來括舉全史而整齊之竟克奏無前之偉績然其間厲精焠掌始終不懈以底於成者實前輩張君菊生一人之力也君自刊印伊始即獨任校勘之役每一史成輒綴跋文於後臚版刻之源流舉文字之同異恆與前賢相發明或引今時之創獲其致力之精能記問之賅博海內人士披觀而服習之久矣間嘗語君書成之後宜仿子晉題跋蕘圃書錄之例取諸跋勒爲一編以餉學者其校記藁本亟宜刊布以竟全功未幾以校史隨筆來謂全稿紛繁董理有待茲撮其領要萃爲此編屬爲序而行之竊惟史籍浩繁號爲難治近代鴻箸無如王氏商榷錢氏考異趙

氏劄記三君皆當代碩儒竭畢生之力以成此書其考辨精深徵引翔實足爲讀史之津寄然於疑誤奪失之處或取證本書或旁稽他籍咸能推斷以識其乖違終難奮筆以顯爲刊正則以未獲多見舊本無所取證也第舊本難致自昔已然錢氏曉徵博極羣書然觀其舊唐書考異言關內道地理於今本多所致疑似於聞人詮本未全寓目明刻如此遑論宋元更以近事言之合州張石卿亦吾蜀好學之士嘗侈言欲重勘全史持書徧謁勝流共和之初遇之海上告以欲校古書宜先求善本否則勞而鮮獲壯志難酬石卿不喻斯旨矻矻廿年取材之書不越殿本局刊再上汲古北監而止年踰七十於遷史始見震澤王氏本身後以遺稿見託則疏失孔多未堪問世追惟往事深足矜憐可知校勘之事良未易言博求廣覽得所據依斯可循流以溯源庶免冥途而闇索也今觀隨筆所載凡一百六十四則視原稿當不及十之一而博識雅裁洪纖畢

舉凡所疑窒悉爲疏通而證明遇有舛訛得以隨文而匡正至於逸文奪葉亦皆援據衆本廣采旁蒐期於信今而傳後其詣力所到時與王錢諸人之說互相闡發而精審且或過之蓋君所采獲者皆前人未見之書故其論定者多千古未發之覆閱之關開節解如薙叢棘而履康莊撥雰翳而覩晴昊其開示後人之功夫豈細哉昔王氏序商榷有言曰予任其勞而使人受其逸予居其難而使人樂其易不亦善乎今茲編既出世之讀史者固已受其逸樂其易矣豈知其難且勞者至如是耶當剏議之初或疑古本傳世日稀諸史頗難求備且卷帙繁重沿襲滋紛造端既閎殺青匪易君獨奮厲圖維引爲己責招延同志馳書四出又復舟車遠邁周歷江海大都北上燕京東抵日本所至官私庫藏列肆冷攤靡不恣意覽閱耳目聞見籍記於册海內故家聞風景附咸出篋藏助成盛舉於是廣羅衆本拔取殊尤遠者寫倣以歸近者投縑見假而編排待

定端緒至紛宋刻舊少完編則別徵殘卷惢籍旣不再出則取資覆刊一史而同備數刻必錄其古者無刻而兼用傳鈔必選其精者或合併異刻乃完一書或瀆獲初鐫而棄前帙凡此甄擇之功皆再三矜審而始定舉其大較言之如黃氏史記遍訪之諸家卷第粗完三國志遠求之海外二志始備晉唐兩書皆密行細字或闕或殘嗣獲別本同式可云巧合至舊唐宋刊取之瞿氏宋史元刊得之內閣推爲斷種孤籍此外片楮不存一則續以沈本一則續以朱本牽補經營強彌缺憾若薛史原書懸購國門而不得周書蜀本猝遭劫火而竟亡此則補救無方徒懸夢想而已此成書之難非盡入能喻者也若夫檢正編帙浩博無涯今既取精而用宏加之實事以求是凡覩古刊取正官本旁參衆刻廣核羣書芟亂截浮之文殆更僕而難數聊就所見舉其大凡如校史記而知正義集解之文遺佚正多校漢書而知劉之問引宋祁之語要可取信校晉書

則知盧氏校補率與相符校金史則知施氏詳校尚有未盡校五代史益知吳氏纂誤王氏商榷咸以未覩慶元曾本橫生糾摘茲根據既確斯榛梗悉除又列史舊多闕文今得宋元初本補南齊地志列傳二葉宋史張栻田況傳二葉而奪行衍文更難僂指若夫片語單詞形音易舛而一字偶失千里遂差如南齊紀口中出血展轉誤作舌言梁書紀儁進士囊同逆乃遺王偉罪狀出入得此究明鴆衣爲隋后采桑之服今作鳩衣者皆誣鈎魚爲遼主游畋之禮今作鈎魚者大失獲此孤證幸存典章至魏書九磬之舞北史錫衰之服遼史汋者之人皆引證周官以糾正時本凡此斠餘之瑣語足備前代之遺聞設令不予標稱遂恐長茲湮滅然非雌黃萬卷穿穴羣言又何以臻此此校史之勞非旦夕可幾者也嗟夫文籍顯晦要有數存盛業聿興亦關人力當乾隆之世文治脩明才儁蔚起殿閣刊書宜可勒垂定本而流傳及今尚多遺議曾文正手造

中興首敷文教廣開書局賓禮耆儒而全史重刊未爲精善留此鴻功竢諸今日君乃乘時而起肩斯鉅任適會世運日新禁網大弛上而天府之珍儲下而世家之祕庫西洎於流沙東極於蓬島地不愛寶奇書盡出加以歐風東被藝術精奇毫素之用蛻以化工剞劂之勞易以石墨此皆前世所未經而於今爲極盛君乘此機緘恢張文運奮其偉力運以精思計日程功昕夕忘倦中更禍亂茹苦支持不越十年而煌煌數萬葉鉅編傳播於海寓內外玆更出其緒餘刊此校筆如開萬寶之庫傾龍宮之藏片玉零珠皆爲瑰異洵乙部之總龜非僅丹鉛之餘錄也自維學殖荒落垂老無成祇以嗜古耽書與君氣誼相合投分遂深憶刊史之初引共謀議參訂版本相與訪尋并盡出家世藏書如宋刻則有史記魏書南齊書唐書五代史元刻則有遼金北史雖缺完不一而罕異爲多樂在觀成未容祕惜第慙疏謭無所裨助君乃殷勤商討箋札時通每撰

一文輒千里郵示過有疑滯時獲新解亦舉相質正余惟拾墜補遺聊抒一得而已嘗聞摹印初稿悉經手勘三四未已偶以數卷見投觀之朱墨爛然盈闌溢幅密若點蠅縈如赤練點畫纖細鉤勒不遺知君堅毅劬苦迴越恆人遂能成茲偉著故於是書之成也敢述經始之難與圖成之勞表君生平志事以告當世而余亦藉以附名簡末其爲幸不既多乎戊寅臘月十八日江安傅增湘

自序

曩余讀王光祿十七史商榷錢宮詹廿二史考異頗疑今本正史之不可信會禁網既弛異書時出因發重校正史之願聞有舊本展轉請託就地攝影影本既成隨讀隨校有可疑者輒錄存之每畢一史卽摘要以書於後商務印書館既覆印舊本行世先後八載中經兵燹幸觀厥成余始終其事與同人共成校勘記百數十册文字繁宂亟待董理際茲世變異日能續印否殊未敢言友人傅沅叔貽書屬先以諸史後跋別行余重違其意取閱原稿語較詳盡更摘如干條用活字集印備讀史者之參證管蠡所及詎敢望王錢二子之什一亦聊師其意而已民國紀元二十有七年九月海鹽張元濟

目錄

史記

漢書

古今人表　正文注文錯簡
殿本從劉之問刊本出　宋祁校語各本非捏造
宋祁校語多可采

後漢書

紹興監本　避宋諱特嚴
志不當夾入紀傳間　劉昭注范書紀傳不傳注司馬志
獨傳　注語入正文附傳跳行均誤
劉攽所刊誤字不誤　蔡邕石經存毀之數

三國志

衢州本爲上建本次之　殿本卷第淆亂
三志單行本　殿本考證訛字可信

隋書

南史

宋小字本　南宋閩本
時本闕文可補　何詰何止
放命　鬻紙
何國　霜儉
趣虎牢者秦王非竇建德　皇甫政無殺姪事
新羅王妃非淑氏　殿本衍文

舊五代史

薛史遺蹟　湮沒之由
明清之際尚有存本　歙縣汪氏藏金刊本
四庫輯本　嘉業堂劉氏刊本勝於殿本及四庫寫本
長洲章氏藏孔葓谷校邵氏稿本

校史隨筆

史記

三家舊注

史記舊注今存者三家曰集解宋中郎外兵曹參軍聞喜裴駰撰曰索隱唐朝散大夫國子博士弘文館學士河內司馬貞撰曰正義唐諸王侍讀宣義郎守右清道率府長史張守節撰其始皆別自單行隋書經籍志舊唐書經籍志新唐書藝文志集解均八十卷新唐志索隱三十卷正義三十卷兩書自序所述卷數同宋史藝文志裴駰等集注已改爲一百三十卷集注當卽集解故王鳴盛十七史商榷謂以一篇爲一卷疑始於宋毛晉得宋刻索隱覆刻行世猶是三十卷之舊獨正義三十卷原本不可得見矣

三家注刻本

就余所見並徵諸各藏家書目．集解單行者．有宋淳化十行十九字本．有紹興朱中奉十二行二十二字本．有淮南路九行十六七字本．有十四行二十四至二十八字本．有十四行二十七至二十九字本．有九行十六字蜀大字本．凡此皆宋刻也．

其集解索隱併刻者．有宋乾道蔡夢弼十二行二十二字本．有淳熙耿秉十二行二十三字本．有宋刻十二行二十五字無述贊本．有蒙古中統十四行二十五字本．（明游明本即從中統本出）

其三注俱全者．宋刻有黃善夫本．首集解序．次補史記序．次索隱序．索隱後序．次正義序．次正義論例諡法解．次目錄．集解序後有建安黃善夫刊於家塾之敬室木記二行．目錄後有建安黃氏刻梓木記一方．半葉十行．每行二十字．小注二十三字。前有三皇本紀。老莊二傳已升在伯夷傳前。注云依正義本。然目錄却未改。無刊板年月。宋諱避至光宗嫌名。當刊於紹熙之世。此本未見我國著錄。惟日本澀江全善森立之經籍訪古志載之。余爲涵芬樓在京師收得半部。亦由日本來者。尚有安成郡彭寅翁刊本。亦三注俱全。半葉十行二十一字。小注同。不著年月。驗其板式。爲元刊本。

三家注覆刻本

明本三注合刻。爲世所習見者。

一金臺汪諒本　莆田柯維熊校正。前有嘉靖四年九月費懋中序。謂司馬遷史記。近時苦乏善本。雖陝西有翻刻宋板本。江南有白鹿書院新刻本。差強人意。然弗可輒得。又云白鹿本無正義。陝西雖有之。而封禪河渠平準三書均缺焉。（此未詳何本）柯君悉爲增入。柯氏有後跋。撰於嘉靖六年丁亥上元日。

二震澤王延喆本　索隱後序末有木記七行。其文云。延喆不敏。嘗聞先文恪公曰。國語左傳經之翼也。遷史班書史之良也。今吳中刻左傳。郢中刻國語閩中刻漢書。而史記尚未版行。延喆因取舊藏宋刊史記。重加校讐。刻於家塾。與三書並行。始嘉靖乙酉臘月。迄丁亥之三月。林屋山人王延喆識於七十二峯深處。按乙酉爲嘉靖四年。柯本成於丁亥正月。此成於三月。相去僅兩月耳。集解序後有震澤王氏刻于恩褒四世之堂木記。目錄後有震澤王氏刻梓木記。

三秦藩本　有嘉靖十三年秦藩鑒抑道人序。又有嘉靖庚戌秦藩允中道人修板序。序謂叔考定王得蘇本刻之。是又從震澤王氏本出也。鑒抑爲定王惟焯。允中即惟焯嗣子懷埢。按庚戌爲嘉靖二十九年。

右三本。柯本最早。王本次之。秦藩本最後。行款均與黄善夫本相同。同此一書。不及十年。而翻刻者三。亦異事也。

近又見一明刻。行款版幅。與黃本同。前有正德十二年丁丑閩中廖鎧序。大旨謂中統以後。翻刻者尠。搜采十餘年。始獲斯本。乙亥冬。隨侍出鎮關西。遂謀於梓。但有紀志表傳而無八書。補以縉紳所藏。訛文已甚。脫簡彌滋。參眡羣册。始獲苟完。自丙子三月至此。踰歲刻成云云。原書本有補配。故目錄行款略異。卷首無諸家序言及正義論例謚法解。當係遺佚而非原缺。揆其成書之日。早於金臺汪氏震澤王氏者八年。是則翻刻之本。當以此爲較早。惜甚罕見耳。

天祿琳琅宋本史記三注合刻者。所謂元祐時槧張耒校本。及嘉定六年萬卷樓本。經近人勘定。皆僞造。不足論。獨一本索隱後序有紹興三年四月十二日右修職郎充提舉茶鹽司幹辦公事石公憲發刊至四年十月二十日畢工印記。錢警石甘泉鄉人稿。謂書估持柯本來。索隱序後亦有此三十八字。凡三行。並定爲柯本從紹興本翻刻。錢氏之言當可信。然何以與黃善夫本行款全同。

豈黃本亦從石本出乎。天祿琳瑯藏本。今已不存。余所見柯本。亦均未有此印記。可勿論矣。

震澤王本之訛奪

震澤王氏用黃善夫本覆刻。宜必一一脗合矣。而抑知不然。

孝武本紀。蓋若獸爲符句注。晉灼曰。蓋字下脫辭也或曰符謂瑞應也九字。誤增是甘泉更四字。（湖北翻刻本已改正）

宋微子世家。子悼公購由立句下。脫（年表云四十九年索隱曰購音古候反）悼公八年卒（索隱曰紀年爲十八年）子休公田立休公田二十三年卒子辟公辟兵立大字二十小字二十四。（湖北翻刻本已補）

孟嘗君列傳。天下之游士憑軾結靷東入齊者句下。脫無不欲彊齊而弱秦者憑軾結靷西入秦者十七字。（湖北翻刻本仍未補）

信陵君列傳。以公子之高義爲能急人之困句下。脫今邯鄲旦暮降秦而魏救不至安在公子能急人之困二十一字。湖北翻刻本已補

王本正義不全

王本周本紀虜褒姒盡取周賂而去句下。脫正義二十六字。孝武本紀其北治大池漸臺句下。脫二十五字。律書律中仲呂句下。脫二十二字。北至於參句下。脫四字。卽天地二十八宿句下。脫五十八字。十母句下。脫十字。十二子句下。脫十二字。甘茂列傳自殽塞及至鬼谷句下。脫十字。信陵君列傳趙王田獵耳非爲寇也句下。脫四字。范睢列傳譬如木之有蠹也句下。脫五字。余疑王氏所得宋本。必有殘佚。不得已以他本配之。故視黃氏原本有所不同。

殿本正義多遺漏

四庫總目謂明代監本正義多所删節。因歷舉所遺者六十五條。且云其一兩

字之出入。殆千有餘條。不可毛舉。使非震澤王本俱存。無由知監本之妄删。然以王本校之。殿本正義全脱者尚有五十二條。不全者四十二條。館臣既知正義獨賴王本之存。何以不悉數采録。殊不可解。

監本大删三家注

以監本校黄善夫本。集解全删者四百九十九條。節删者三十五條。索隱全删者六百一十三條。節删者一百二十二條。以正義爲尤多。全删八百三十七條。節删一百五十七條。

謚法解應用兩排讀法

盧抱經云。古書兩重排列者。皆先將上一列順次排訖。而後始及於下一重。自後人誤以一上一下讀之。至改兩重爲一列。亦依今人所讀。而大失乎本來之次第矣。史記正義所載謚法解。亦本是兩重改爲一列。又多閒雜。亦當移正。云云。黃本是篇訛誤。正如所言。今試舉數條以證明之。餘可類推。

民無能名神

一德不懈簡

靖民則法皇

平易不訾簡

德象天地帝

尊賢貴義恭

仁義所往王

敬事供上恭

立志及衆公

尊賢敬讓恭

執應八方侯

旣過能改恭

如分爲兩重讀之。則上列爲神皇帝王公侯。下列爲簡簡恭恭恭恭。便覺次序井然矣。

漢書

景祐本之由來

葉夢得石林燕語曰。五代時馮道奏請始官鏤六經板印行。國朝淳化中。復以史記前後漢付有司摹印。自是書籍刊鏤者益多。宋史余靖傳。建言班固漢書舛謬。命與王洙並校司馬遷范曄二史。書奏。擢集賢校理。是本卷末亦載余靖上言。國子監所印兩漢書。文字舛譌。恐誤後學。臣謹參括衆本。旁據他書。列而辨之。望行刊正。詔送翰林學士張觀詳定聞奏。又命國子監直講王洙。與靖偕赴崇文院讎對。兩漢既係同校。則刊刻亦必同時。陳仲魚跋大德本後漢書。謂卷末云。右奉淳化五年七月二十五日敕重刊正。後有景祐元年九月祕書丞余靖上言。版心有大德九年刊補。蓋景祐所刊淳化本而元時重刊者。云云。范書既以淳化覆刊。班書自必同所自出。是本雖無奉淳化敕語。然卷末有班固前漢書凡百篇總一百二十卷十二帝紀一十三卷八表一十卷十志一十八卷七十列傳七十九卷三行。適在本葉之尾。此下一葉。或即載此文字。偶被遺佚。亦未可知。

景祐本之遞嬗

漢書由景祐出者。一。宋福唐本。丁氏藏書志云。宋諱有缺筆。版心注大德至大元祐元統補刊。明天順五年鎭守福建都知監少監梧蒼馮讓重修跋云。福庠書集。板刻年深。詢知模糊殘缺過半。不便觀覽。心獨惻然。鳩工市版補刻等語。二。元大德本。黃蕘圃跋後漢書。謂景祐至大德大德至弘治遞爲修補。而陳仲魚則以爲元時重刊。兩漢往往同刻。自可以此例彼。是本所配溝洫藝文二志。亦均大德八年刊。及至大延祐元統補刻。雖無景祐原本一葉在內。而實爲其所出。可斷言也。三。明正統本。蕘圃言建安劉原起本。又有一大字。皆名爲宋。而實則不及元明刊本。惟正統本最稱善。以所從出爲淳化本也。以上諸本皆半葉十行二十九字。小字二十五至二十八字。與是本全同。覆刻且爲世重。此爲原刻。其聲價不更增乎。是本禮樂志末有學生席珍齋諭何霆校勘一行。五行志中末有對勘官左迪直郎知福州長樂縣主管勸農公事劉希亮一行。學生齋諭均廁身庠中。對勘者又服官福州。於福唐本當有關係。

宋時刊本尚有紹興蜀大字本。半葉九行二十六字。淳熙湖北茶鹽司本半葉十四行二十七字。慶元建安劉之問（即上文之劉原起）本。半葉十行十八字。嘉定建安蔡琪本半葉八行十六字。行款不同。皆與是本無涉。

景祐本爲見存最古善本

宋會要咸平中眞宗命刁衎晁迥與丁遜覆校兩漢書板本。景德二年七月。衎等上言。博訪羣書。偏觀諸本。校定凡三百四十九條。籤正三千餘字。錄爲六卷以進。景祐元年余靖請刊正者。既云參括衆本。當必有景德本在內。至二年九月校畢。又增七百四十一字。損二百一十二字。改正一千三百三字。一校再校。自不能不推爲善本。

顏師古敘例

景祐本每卷卷首次行。題祕書監上護軍琅琊郡開國子顏師古注。劉之問本蔡琪本均作集注。瞿木夫以有集字爲是。余意不然。晁志謂唐太宗子承乾令顏師古考衆說爲 注。陳錄亦云師古總先儒注解服虔應劭而下二十餘人。删繁補略。裁以己說。遂成一家。然則師古雖集衆人之說。而實一家之言也。是本不附師古敘例。汲古閣刊本亦同。王鳴盛極斥其非。按是本卷末。有引顏師古敘例云云。是原未附刊。而實非遺漏也。

附記先儒注解名姓。於荀悅伏虔應劭伏儼劉德鄭氏李斐李奇鄧展文穎張揖蘇林張晏如淳孟康瓚昭（他本均作項昭）韋昭晉灼劉寶臣瓚郭璞蔡謨崔浩之後。又增入顏籀之名。然亦僅二十四人。原文稱可見者二十五人。王鳴盛謂藝文志張良賈誼司馬相如東方朔揚雄等傳。各有臣佖附校一段。則張佖自當補入人數。並無欠缺。

文字增損均勝時本

齊召南跋殿本。謂明人舊板。於顏注所引二十三家之說。十删其五。又謂奉敕校刊。於是書又加詳慎。徧蒐館閣所藏數十種及李光地何焯所校再三讎對。凡監本脫漏。並據慶元舊本補缺訂譌。正其舛謬。稍還古人之舊云云。是殿本宜若無所遺佚矣。然以景祐本勘之。凡漏載顏氏及諸家註釋仍復不少。即外戚傳卷首一葉中。其失去顏氏之注。已有四百十一字。他可見矣。然本書正文。反有見於殿本而爲是本所無者。如高紀十二年。呂后迎良醫醫入見上問醫曰疾可治下。有不醫曰可治五字。是本無。

元紀永光元年。賜吏六百石以上爵五大夫勤事吏二級下。有爲父後者四字。是本無。

司馬相如傳。其卒章歸之於節儉因以風諫下。有奏之天子天子大說八字。是本無。

又雲夢者方九百里其中有山焉其山則盤紆岪鬱下。有隆崇律崒四字。是本無。

京房傳。春秋所記災異盡備陛下視今爲治邪亂邪下。有上曰亦極亂耳尙何道房曰今十二字。是本治邪亂邪下直接所任用者誰與句。並無中間之十二字。

不知者必以此爲宋本之玷。宋本固不能無所訛誤。然以上數則增出之字。均爲後人妄加。王念孫曾徧引他書爲之證明。

錢大昕攷異可信

錢大昕撰廿二史攷異。亦未獲見是本。證之如下。

哀帝紀。元壽二年春正月。元壽二字衍文。是本原無元壽二字。

古今人表。廖叔安上中。師古曰左氏傳作飂。左傳作飂。此云翏誤。是本原云左氏傳作飂。

律歷志一下。求八節加大餘四十五小餘千一百。林文炳曰當作小餘千一十。林說是。是本原作千一十。

張耳傳。東井者秦分也。先至必亡。亡字疑誤。是本作必王不作必亡。

枚乘傳。凡可讀者不二十篇。不當作百。枚皋賦百二十篇。是本不原作百。

韓安國傳。梁城安人也。按地里志。成安縣屬陳留郡。本梁地。武帝始置爲郡。故史繫之梁耳。城當作成。是本城原作成。

佞幸傳。后姊孅爲龍雒思侯夫人。雒當作頟。韓寶嗣父增爲龍頟侯。謚曰思。是本雒原作頟。

敍傳上。思有短褐之褻。短當作裋。說文裋豎使布長襦。貢禹貨殖傳均有裋褐不完之語。是本短原作裋。

古今人表

班氏曰。桀紂可與爲惡。不可與爲善。是謂下愚。今紂在九等。而桀乃在八等。張晏注。田單魯連藺子在第五。今田單乃在四等。魯仲連藺相如乃在二等。寺人孟子在第三。今乃在四等。嫪毒在第七。今失名。劉知幾謂晉文臣佐舟之僑在三等。陽處父在四等。士會在五等。燕之賓客高漸離在五等。荊軻在六等。秦武陽在七等。又謂鄧侯入下愚之上。卽第七等。三甥列中庸下流。皆在第六等。今陽處父乃在三等。士會高漸離均在四等。荊軻三甥均在五等。秦武陽鄧侯均在六等。此錢大昕謂後人妄以己見升降出入或轉寫譌舛失其本眞者也。惟唐人以老子昇入上聖。此則仍在四等。猶是班氏原本之舊。

正文注文錯簡

李廣利傳。有錯簡。正文六十九字。注文二十八字。景祐本與監本汲古本殿本均同。蓋沿誤久矣。王念孫讀書雜志依史記大宛傳改正。如下。

景祐本	王氏改正
圍其城攻之四十餘日宛貴人謀曰王毋寡匿善馬殺漢使（師古曰毋寡宛王名）今殺王而出善馬漢兵宜解卽不迺力戰	圍其城攻之四十餘日其外城壞虜宛貴人勇將煎靡（師古曰宛之貴人爲將而勇者名煎靡也煎音子延反）宛大恐走入中城相與謀曰漢

而死未晚也宛貴人皆以爲然共殺
王其外城壞虜宛貴人勇將煎靡（師古曰宛之貴人爲將而勇者名煎靡也煎音子延反）宛大恐走入城
中相與謀曰漢所爲攻宛以王毋寡
持其頭遣人使貳師

所爲攻宛以王毋寡匿善馬殺漢使（師古曰毋寡宛王名）今殺王而出善馬漢兵宜解
卽不迺力戰而死未晚也宛貴人皆
以爲然共殺王持其頭遣人使貳師

原文文義不順。察其字體。並無顧千里所謂補版及剜損之迹。蓋原本如此。豈余靖等未曾刊正耶。

殿本從劉之問刊本出

建安劉之問（王鳴盛十七史商榷、吳騫愚谷文存、楊紹和楹書隅錄、均作之同、瞿氏鐵琴銅劍樓藏書志、作之同、顧廣圻百宋一廛賦及注、均作問、惟明監本王先謙漢書補注作之問、余見初印宋本、實作之問、）慶元初刊漢書。其自跋稱得宋景文公所校善本凡十五家。卽一古本。二唐本。三江南本。四舍人院本。（原注江南本在舍人院、亦曰舍人院本、一本二目、故併稱之、）五淳化本。六景德監本七景祐刊誤本八我公本九燕國本十曹大家本十一陽夏公本十二晏本十三郭本十四姚本十五浙本十六閩本又有名儒議論凡景文所附者悉從附入以圈間之又自景文校本之外復得十四家善本卽一熙寧本二卷子古本三史館本四國子監本五陳和叔本六邵文伯本七謝克念本八楊伯時本九李彥中本十張集賢本十一王性之本十二趙德莊本十三沈公雅本十四王宣子本逐一讎對亦可以謂之不苟矣明監本卽據劉本覆刻然脫漏甚多齊召南跋殿本謂據慶元舊本補缺訂譌正其舛謬以付開雕又卷一上考證云監本脫宋祁一段今從宋本凡三劉刊誤宋祁朱子文諸說別以一圈脫者俱補是殿本悉出之問刊本可無疑義

宋祁校語各本非捏造

結埼亭集外編有辨宋祁漢書校本一篇謂宋槧漢書引之甚備細閱之乃知

非景文之書．南渡末年麻沙坊中不學之徒依託爲之．又歷舉可疑者五端．以伸其說．宋祁校語．誠有可疵議者．後人依託．事或不免．然謝山竟謂所引南本浙本越本邵本爲信口揑造．則未免過甚其詞．按景祐元年余靖上言．有參括衆本之語．崇文總目亦云宋祁余靖等讎對三史．悉取三館諸本以相參校．此所謂南本浙本越本邵本．安知不卽在衆本諸本之中．又宋景文筆記涉及漢書者．亦有江南本官本韋本北本之言．葉夢得石林燕語亦云．余在許昌得宋景文用監本手校西漢一部．末題用十三本校．中間有脫兩行者．凡此皆可爲宋氏辨證者也．

宋祁校語多可采

高郵王念孫精於讎勘．其校漢書．往往引宋祁校語糾正時本．且均與是本合．今歷舉如左．

高紀十二年。上問醫曰疾可治不。醫曰可治。是本無不醫曰可治五字。與宋祁所謂舊本越本合。

武紀征和三年。丞相屈氂下獄要斬妻子梟首。是本無子字。與所謂舊本合。

元紀永光元年。賜吏六百石以上爵五大夫勤事吏二級爲父後者民一級。是本無爲父後者四字。與所謂越本合。

禮樂志。四時舞者孝文所作以明示天下之安和也。是本無明字。與所謂邵本合。

郊祀志上。以牡荊畫幡日月北斗登龍以象大一三星爲泰一鋒旗。是本無旗字。與所謂越本新本合。

又作二十五弦及空侯瑟自此起。是本空作坎。與所謂邵本合。

又遂至東萊東萊宿留之。是本不疊東萊二字。與所謂淳化本合。

地理志上．桂陽郡．桂陽匯水南至四會入鬱林．是本無林字．與所謂景本合．

王陵傳．平曰各有主者．是本無各字．　酈商傳．得丞相守相大將軍各一人小將軍二人．是本無二軍字．　周昌傳．於是苛昌自卒史從沛公．是本自作以．以上三條．皆與所謂越本合．

任敖傳．蒼尤好書無所不觀無所不通而尤邃律歷．是本尤好作凡好．與所謂學官本合．

申屠嘉傳．其見寵如是．是本無見字．與所謂越本合．

鼂錯傳．前擊後解與金鼓之音相失．是本音作指．與所謂學官本越本合．

鄭當時傳．客至亡貴賤亡留門下者．是本無下字．與所謂邵本合．

枚乘傳．此愚臣之所以爲大王惑也．是本無以爲王三字．與所謂景德本合．

又上書北闕自陳枚乘之子上得之大喜．是本無之字．　霍去病傳．元狩三年春爲票騎將軍。是本三年作二年。以上二條。皆與所謂越本合。
公孫敖附傳。以將軍出北地後票騎失期。是本無失字。與所謂景德本合。
司馬相如傳。子虛賦其山則盤紆岪鬱隆崇律崒。是本無隆崇律崒四字。
又諭告巴蜀民檄。今奉幣使至南夷。是本使作役。　司馬遷傳。及如左丘明無目孫子斷足。是本無明字。　武五子燕剌王旦傳。是時天雨虹下屬宫中飲井水井水泉竭。是本無泉字。　嚴助傳。留軍屯守空地曠日持久。是本持作引。以上五條。皆與所謂越本合。
匡衡傳。賢者在位能者在職。是本在職作布職。與所謂越本別本合。
孔光傳。故霸還長安子福名數於魯奉夫子祀。是本無安字。與所謂浙本合。
南粵傳。大后怒鏦嘉以矛。是本鏦上有欲字。與所謂別本合。
敍傳下。後昆承平亦有紹土。是本作亦猶有紹。與所謂監本浙本越本合。

此皆時本誤而景祐本不誤宋祁所舉各本亦不誤者，又安可一筆抹摋也。

後漢書

紹興監本

范書世存宋本尚不少。錢泰吉校是書時所見者。有義門校本紀第三至九卷之殘宋本。校律曆至禮儀志之北宋小字殘本。校郡國志第十九至二十二卷之宋一經堂本。小山校蔡邕傳之鈔補北宋本。校第九十卷之淳化校定本及麻沙劉仲立本。近時常熟瞿氏。聊城楊氏。德化李氏。烏程劉氏。亦均藏有宋刻。然無一與此合者。惟北平圖書館及日本靜嘉堂文庫各有殘本。行款相同。然彼多係後來補刻。李心傳建炎以來朝野雜記云。紹興末年。張彥實待制爲尚書郎。始請下諸道州學取舊監本書籍鏤板頒行。從之。然所取者多有殘缺。故胄監刊六經無禮記正史無漢書。二十一年五月。輔臣復以爲言。上謂秦益公曰。監中其他闕書。亦令次第鏤板。雖重有費。不惜也。觀此知當時剞劂。頗極鄭

重是書校印較精疑即彼時所刊監本

避宋諱特嚴

余見宋刊本多矣所避宋諱罕有如是之謹嚴者聖祖諱有玄玹絃縣懸懸朗朗等字僖祖有朓字翼祖有敬儆驚警竟鏡境等字宣祖有弘殷等字太祖有匡筐恇洭胤胤酳等字太宗有炅熲字眞宗有恒字仁宗有禎禎楨楨偵偵湞貞貞徵懲等字濮安懿王有讓壤穰等字神宗有頊頊勗旭畜署署曙樹澍豎豎豎豎祏戍戍等字哲宗有傭傭傭煦栩等字欽宗有桓垣昔宁丸紈浣莞筦等字高宗有構構構搆搆措媾購購購遘遘覯彀雊雊雊鴝垢詬等字桓字或作淵聖御名構字或作今上御名此二字亦有缺末筆者大都就四小字原格剜改且有多處剜而未補遂留空格是知刊版在南宋初年而竣工之時已在孝宗受禪之後故瑗瑋慎三字亦兼避也又眞宗大中祥符七年禁文

字斥用黃帝名號。是本軒轅二字。亦缺末筆。此則他書甚罕見者。

志不當夾入紀傳間

志三十卷。爲司馬彪所撰。其先本自單行。崇文總目。郡齋讀書志。均作後漢書九十卷志三十卷。直齋書錄解題。亦云後漢書九十卷後漢志三十卷。其與紀傳合刊者。始於孫奭之奏請。洪邁容齋四筆。淳化五年監中所刊後漢書。凡九十卷。惟帝后紀十卷列傳八十卷而無志。乾興元年判國子監孫奭始奏以補前史之闕云云。是可證也。前校班書時。獲見乾興元年中書門下牒國子監文一通。卽孫奭以劉昭注司馬彪志補章懷注范書故事。更足徵信。是本列傳卷一。大題後漢書十一。直接皇后紀第十。循序而下。至後漢書九十而止。志三十卷。均無大題。與紀傳全不銜接。當猶是淳化乾興舊式。然目錄則已以志羼入紀傳之間。兩不相應。殊不可解。陳錄稱館閣書目直以百二十卷併稱蔚宗撰。

按中興館閣書目。陳騤叔進等撰。淳熙五年上之。亦見陳錄。是本同時刊成。意者編目之時。作者獲見館閣書目。以爲撰自一人。遂沿紀志傳先後之成例而混合之。遂致有此歧異歟。

劉昭注范書紀傳不傳注司馬志獨傳

梁書文學劉昭傳。昭集後漢同異。以注范曄書。世稱博悉。范書無志。是所注爲紀傳也。其注補八志。別有自序。曰司馬續書總爲八志。又曰徒懷纘緝。理慙鉤遠。迺借舊志注以補之。狹見寡陋。匪同博遠。及其所值。微得論列。分爲三十卷以合范史。求於齊工。其本傳曰集注范書一百八十卷者。是必併紀傳志而言。王鳴盛謂章懷詔集諸儒共注范書。不免襲取劉昭舊注。又謂注紀傳易。注志難。避難趨易。故于志仍用昭注。司馬彪續漢書紀傳不傳。而志獨傳。劉昭注范書紀傳不傳。而注司馬志獨傳。亦一異也。是本司馬志。每卷均題劉昭注補。不失原序之意。殿本乃易注補爲補注。故王氏極詆諆之。而錢大昕亦譏其有失本來面目。

注語入正文附傳跳行均誤

郭太傳注。初太始至南州過袁奉高不宿而去從叔度累日不去或以問太太曰奉高之器譬之氾濫雖清而易挹叔度之器汪汪若千頃之陂澄之不清擾之不濁不可量也已而果然太以是名聞天下七十四字。本爲章懷引謝承書中之語。監本汲古本殿本皆列入正文。是本獨否。錢大昕謂嘗見南宋本及明嘉靖己酉福建本。皆不誤。蓋必從舊本出也。又以下左原茅容孟敏庾乘宋果賈淑史淑賓黄允謝甄王柔及其弟澤諸人。皆爲太所奬拔。故史云著之篇末。今時本一一跳行。殊不合附傳之體。且其下尚有張孝仲范持祖召公子許偉康司馬子威等。又在王柔兄弟之後。即本傳所謂皆如所鑒者。其文氣聯貫而下。故跳行實誤也。

劉攽所刊誤字不誤

昔人校勘范書莫詳於宋之劉攽。宋史言攽邃史學。作東漢刊誤。爲人所稱頌。是本於劉氏所指之誤。均不復見。或卽據刊誤改正。否則所據之本。出於劉氏所見之外。未可知也。如

光武帝紀。建武九年初置青巾左校尉官。十五年。復置屯騎長水射聲三校尉官。十九年。復置函谷關都尉。又列傳第九耿國傳遂置度遼將軍。是本四置字劉氏所見均誤致。故均謂致宜作置。

明帝紀亦復是歲更賦注當行者不可往卽還因住一歲。是本住字劉氏所見誤任。故謂因任一歲。案任當作住。

章帝紀。建初四年。教學爲本。注夏曰校。是本校字劉氏所見誤教。故謂夏曰

教。教當作校。

靈帝紀熹平四年。爲民興利。注前漢地理志及續漢郡國志並無監。今蒲州安邑縣西南有鹽池。是本無監二字劉氏所見誤無鹽。又鹽池誤鹽城。故謂注鹽城當作鹽池耳。及無鹽字下當有一監字。

又中平六年。上軍校尉蹇碩下獄死。是本獄下劉氏所見脫死字。故謂正文蹇碩下獄案碩以此時誅。實少一死字。

齊武王傳。引精兵十萬南渡黃淳水。是本黃字劉氏所見誤潢。故謂潢字據注唯當作黃。

又子煬王石嗣。是本煬字劉氏所見誤殤。故謂王石立二十四年不可以殤諡蓋是煬字。

竇憲傳。發北軍五校。注漢有南北軍中候一人六百石掌臨五營。是本五字劉氏所見誤立．故謂掌臨立營臨．當作監．立當作五．

馮衍傳．陂山谷而閒處兮守寂寞而存神．注陂音兵義反．是本兵字．劉氏所見誤丘．故謂注陂丘義反．切不得丘．當作兵．

樊儵傳．儵字長魚．是本下文全作儵．劉氏所見誤儵．故謂按儵非魚類．與名不合．疑本是儵字．又按儵弟名鮪．知作儵無疑．

又如令陛下子臣等專誅而已．是本如令二字．劉氏所見誤如今．故謂按文今當作令．

鄭玄傳．其勗求君子之道研鑽勿替．是本鑽字．劉氏所見誤讚．故謂案文讚當作鑽．

度尙傳．夫事有虛實法有是非．是本夫事二字．劉氏所見誤大事．故謂案文大當作夫．

劉愷傳。如今使臧吏禁錮子孫。是本今不作令。今義亦較令字爲長。劉氏所見殆作如令。故謂案文多一如字。

朱暉傳。數年坐法免。注坐考長吏囚死獄中。是本吏字劉氏所見誤史。故謂案臨淮郡無長史。既言囚死獄中。當是吏字。

又惟今所言適我願也。是本今字劉氏所見誤令。故謂惟令所言案時暉未爲尙書令。明此令字是今字。

應劭傳。夫國之大事莫尙載籍。是本籍字下劉氏所見殆有也字。故謂案文多一也字。

李雲傳。帝者諦也。注帝之言諦也。是本言諦二字劉氏所見誤諦言。故謂注帝之諦言也。案文言當在諦字上。

張衡傳。曾何貪于支離而習其孤技耶。注學屠龍于支離益。是本益字劉氏所見誤蓋。故謂注支離蓋。案莊子蓋當作益。支離其名益耳。後人不讀莊子。妄改爲蓋。

又羈要褭以服箱。是本褭字。劉氏所見誤裊。故謂案要裊古良馬。當作褭從馬。

又欻神化而蟬蛻兮朋精粹而爲徒。注蟬蛇蛻所解皮也。蟬下有蛇字。考說文虫部。蛻蛇蟬所解皮也。知是本不誤。特文字顛倒耳。劉氏所見殆有缺文。故謂當云蛻蟬所解皮。但未言及蛇字。

趙岐傳。著孟子章句。是本孟字。劉氏所見誤要。故謂正文著要子章句。案要當作孟。

陳蕃傳。震受考掠誓死不言。是本受字。劉氏所見誤授。故謂案文授當作受。

公孫瓚傳。每聞有警瓚輒厲色憤怒。是本警字。劉氏所見誤驚。故謂驚當作警。西域莎車國傳。不復置王但遣將鎭守其國。是本王字劉氏所見誤正。故謂案文正當作王。

鮮卑傳。將帥良猛財賦充實。是本賦字劉氏所見誤富。故謂富字當作賦。據此則是本校印之精實勝於劉氏所見之本矣。

蔡邕石經存毀之數

蔡邕傳。邕乃自書册於碑。使工鐫刻。立於太學門外。原注。洛陽記曰。太學在洛城南開陽門外。講堂長十丈。廣二丈。堂前石經四部。本碑凡四十六枚。西行。尙書周易公羊傳十六碑存。十二碑毀。南行。禮記十五碑。悉崩壞。東行。論語三碑。二碑毀。殿本注。論語三碑作二碑。劉攽曰。注論語二碑毀。案文當是一碑毀。若二碑毀者。當云皆毀而已。是劉攽所見之本。與殿本同。按原注碑凡四十六枚。

西行存十六碑。毁十二碑。南行十五碑悉崩壞。共四十三枚。合之東行論語三碑。正得四十六枚。若論語僅得二碑。則碑數衹得四十五。與上文不合。故知此作三碑爲不誤。劉氏所以反覆辨正者。蓋所見之本先誤也。

三國志

衢州本爲上建本次之

衢州本國志。余曾見數部。多有元明補刊之葉。涵芬樓所藏。版印極精。無一補版。然祇存魏志。又於靜嘉堂文庫見昔士禮居所藏宋刻單行吳志。又於松江韓氏見宋刻小字本。然亦僅存魏志九卷。元有池州本。半葉十行二十二字。此較易得。余亦曾見二部。版印均佳。然訛字極多。難稱善本。無已。其惟此建本乎。

殿本卷第淆亂

建本宋諱避至廓郭等字。當爲寧宗時刊本。魏志三十卷蜀志十五卷吳志二十卷。目錄各置本志之前。大題則連貫而下。爲數六十有五。殿本廢去大題。併總目爲六十五卷。而三志分卷。又各自爲起訖。前後歧出。全不相應。以云體例。似未合也。

三志單行本

是本蜀志卷首有咸平中書門下牒文一通。牒前標明蜀志。余前見單行吳志。亦冠有咸平中書門下牒文。是可見三志原自單行。此後刊刻。或取單行本以資參攷。故此仍留蜀志牒文也。

殿本考證訛字可信

海源閣所藏國志。亦卽此本。楊紹和跋所言殿本考證中舉正之訛字。是本一一相合。然尚有所未盡。今補校如左。

魏書蔣濟傳。弊䬳之民。倘有水旱百萬之衆。不爲國用。考證謂似應作攰。此正作攰。

烏丸鮮卑東夷傳。故但舉漢末魏初以來以備四夷之變云。注悉禿頭以爲輕便。考證謂一本作髡。何焯引說文鬄字注。以證髡字之合。此正作髡。

蜀書向朗傳歷射聲校尉尙書注鎭南將軍衞瓘考證引衞覬傳瓘爲鎭西將軍謂作鎭南字誤此正作西

楊洪傳能盡時人之器用也注初往郡後爲督軍從事考證謂往郡疑作仕郡此正作仕

吳書孫權傳屈身於陛下是其略也注吳書咨字德度南陽人書下考證疑脫曰字此正有曰字

劉繇傳繇伯父寵爲漢太尉注山陰縣民去治數十里考證謂民各本俱訛作氏今改正此正作民

士燮傳壹亡歸鄉里注會卓入闕壹乃亡歸考證疑闕作關此正作關

周魴傳推當陳愚重自披盡懼以卑賤未能采納考證推疑作惟此正作惟

時本譌文衍文奪字俗字均可矯正

殿本從明監本出。故多舛錯。館臣雖以宋本校正。然遺漏仍多。汲古閣本。號稱精校。亦有與監本殿本同誤者。今列舉如左。

一曰譌文

魏書杜畿傳。然亦怪陛下不治其本而憂其末也。諸本治均誤知。

張郃傳。從討柳城。與張遼俱爲軍鋒。以功遷平狄將軍。諸本從均誤後。

龐悳傳。惟侯戎昭果毅。蹈難成名。諸本戎均誤式。

王昶傳。若范匄對秦客而武子擊之。諸本而均誤至。

蜀書先主傳。今上天告祥。羣儒英俊並起河洛。諸本起均誤進。

秦宓傳。宓稱疾臥在第舍。諸本第均誤茅。

劉封傳。先主因令達幷領其衆留屯江陵。諸本其均誤兵。

楊戲傳。維外寬內忌。意不能堪。諸本意均誤竟。

吳書駱統傳。其姊仁愛有行。寡歸無子。諸本歸均誤居。

一曰衍文

魏書劉曄傳。子寓嗣。注復每問皆同者。曄之情必無所逃矣。諸本所下均衍復字。

蔣濟傳。今其所急。惟當息耗百姓。不至甚弊。諸本急下均衍務字。

張旣傳。斬首獲生以萬數。注不欺明公。假使英本主人在實不來此也。諸本來下均衍在字。

鄧哀王沖傳。世俗以爲鼠齧衣者其主不吉。諸本主下均衍者字。

蜀書馬良傳。及先主入蜀。諸葛亮亦從往。諸本從下均衍後字。

郤正傳。薛燭察寶以飛譽。注吾有寶劍五。請以示子。乃取豪曹巨闕。諸本取下均衍其字。

黃權傳。待之如初。注詩云樂只君子保乂爾後。其劉主之謂也。諸本之下均衍所字。

吳書陸凱傳。吳郡吳人。諸本人下均衍也字。

一曰奪字

魏書張既傳。封妻向爲安城鄉君。諸本均奪封字。

蘇則傳。帝大怒踞胡牀拔刀。諸本踞下均奪胡字。

杜畿傳。若使善策必出於親貴。親貴固不犯四難以求忠愛。諸本均奪下親貴二字。

蜀書劉璋傳。無恩德以加百姓。百姓攻戰三年。肌膏草野者。以璋故也。諸本均奪下百姓二字。

諸葛亮傳。因結和親。遂爲與國。注據正道而臨有罪。諸本均奪正字。

龐統傳。先主大笑。宴樂如初。注若惜其小失而廢其大益。諸本均奪下其字。

秦宓傳。詩云鶴鳴于九皋。諸本均奪于字。

吳書步騭傳。騭於是條于時事業在荊州界者。諸本均奪業字。

一曰俗字

魏書齊王紀。西域重譯獻火浣布。詔大將軍太尉臨試。以示百寮。注斯調國有火州。在南海中。諸本州均作洲。

陳思王植傳。誠以天罔不可重離。諸本罔均作網。

衛覬傳。茵蓐不緣飾。器物無丹漆。諸本蓐均作褥。

徐邈傳。徐公志高行絜。才博氣猛。其施之也高而不狷。絜而不介。諸本兩絜字均作潔。

胡質傳。官至徐州刺史。注家貧無車馬童僕。諸本童均作僮。

鄧艾傳．封子二人亭侯各食邑千戶．注百姓貧而倉稟虛．諸本稟均作廩．

管輅傳末注生驚舉刀斫正斷要．視之則狐．諸本要均作腰．

蜀書諸葛亮傳卒于軍．時年五十四．注憂恚歐血．又下文松之注．歐血字凡三見．諸本歐均作嘔．

黃權傳瞻猶與未納．崇至于流涕．諸本與均作豫．

古寫本之異同

友人有得新疆鄯善出土古寫本國志者．起吳書虞翻傳權於是大怒句怒字．訖張溫傳臣自入遠境句境字．凡八十行中有蠹損存字一千九十許用校此本．頗有異同．今聞其物已流出域外矣．異同如左．

宋本	古寫本
惟大司農劉基起抱權	無農字

手殺善士　無手字殺作煞下殺作煞

天下孰知之　□誰不知之

曹孟德尙殺孔文舉　無尙字

孤於虞翻何有哉　無有字

孟德輕害士人　人作仁

何得自喻於彼乎　得作曾

不應而遽避之　而遽乙轉

又經芳營門　又經□□中芳門

當閉反開當開反閉　二句乙轉

世豈有仙人也　也作邪

權積怒非一　積作責

門徒常數百人　常數二字蝕百作十

終成顯名　成作咸

在南十餘年年七十卒　在南十餘年□十九卒

翻有十一子　無翻字句作有子十一人

汜弟忠　忠作中

聳越騎校尉累遷廷尉湘東河間

太守　聳作竦無累遷至太守十字

昺廷尉尙書濟陰太守　昺作晃無尙書濟陰太守六字以上虞翻傳

字公紀吳人也　公紀下有吳郡二字

須當用武治而平之　須作唯

則脩文德以來之　無則脩二字

虞翻舊齒名盛　舊字蝕名盛作成名

又意在儒雅　在作存

著述不廢　述作術

有漢志士　士作民

遘疾遇厄　遇作逼

遭命不幸　幸作永

從今已去　已作以（以上陸績傳）

字惠恕吳郡人也　郡下有吳字

溫當今與誰爲比　比下有也字

大司農劉基曰　無司字

可與全琮爲輩　琮作綜

時年三十二　三十作卅

以故屈卿行　無以字

便欲大搆於蜀　搆作構蜀作丕

功冒溥天　溥作普

參列精之炳燿　燿作耀

吳國勤任旅力　任作恁

平一宇内　一作壹

軍事興煩　興作兒

是以忍鄙倍之羞　倍作陪羞字蝕

臣自入遠境　無入字

右之異同。寫本略有舛誤。然大都勝於宋本。其大搆於丕一句。友人謂足以糾正宋本之非。按張溫使蜀。爲吳黃武三年。是時魏以兵力迫吳。曹休曹仁曹眞等先後進擊。權以揚越蠻夷。多未平集。內難未弭。不得不屈意求和。然外託事魏而非誠服也。故與蜀釋嫌修好。先以鄭泉往聘。逮蜀以鄧芝來報。邦交漸復。吳是時實有聯蜀圖魏之意。故於後來黃龍元年與蜀所立盟辭。痛斥操丕。且有今日滅叡禽其徒黨。非漢與吳將復誰在之語。若如宋本原文。便欲大搆於蜀。則與前後事實均不相應。且果欲搆蜀。權何必以恐諸葛孔明不知吾所以與曹氏通意之語語溫。溫到蜀後。又何敢爲稱美蜀政之辭。是[illegible]知宋本蜀字實譌。而寫本丕字爲正。誠可謂一字千金矣。

晉書

宋刊小字本有二

余見晉書舊本多種。一、十行十九字宋刊本元明遞有修補。一、十行二十字元刊本。一、十行二十二字元大德九路刊本。一、九行十四字明覆宋本。一、十行二十字明西爽堂吳氏刊本。又有宋刊十四行二十五字本。卽東湖叢記所稱王弇州鈔補舊藏天籟閣項氏吟香仙館馬氏者。其書固佳。然未爲最。此本爲硤石蔣氏所藏。版印絕精。邵位西錢警石各有題記。均極推重。惜無載記。卽以弇州藏本配補。行數相同。字數僅差一二。可謂伯仲之間。

盧抱經校帝紀與宋本合

盧抱經以鄭樵通志及明南北監本毛氏汲古閣本校乾隆四年殿本本紀天文志禮志。見羣書拾補。多與是本相合。今摘其屬於帝紀各條如左。

帝紀一。楚漢間司馬卬爲趙將。卬下注邛非。是本作卬不作邛。又權果遣將呂蒙西襲公安。襲下注羽衍。是本無羽字。

又太和元年下。達與魏興太守申儀有隙。魏興下注二字今脫。是本不脫魏興二字。又凡攻敵必（宋本誤必作二）扼其喉而搖其心。搖下注從木者誤。是殿本從才不從木。

又靑龍元年下。國以充實焉。焉下注今脫。是本不脫焉字。

又靑龍二年下。關中多蒺蔾。蔾下注毛及音義俱不作藜。下同。是本作蔾不作藜。

又靑龍三年下。帝運長安粟五百萬斛輸於京師。輸下注脫。通志有音義音成。是本不脫輸字。

又景初二年下。帝固讓子弟官不受。帝下注今脫。是本不脫帝字。

又嘉平三年下。依漢霍光故事。漢下注今脫。是本不脫漢字。
帝紀二。嘉平五年下。帝乃勑欽督銳卒趣合楡。帝下注今脫。是本不脫帝字。
又正元元年下。臣請依漢宋本脫漢字霍光故事。依下注昔衍。是本不衍昔字。
又景元四年下。居守成都及備他境。境下注郡非。是本作境不作郡。又金城
太守揚欣趣甘松。欣下注頎非。是本作欣不作頎。又仍斷大政。仍下注乃非。
是本作仍不作乃。又犯命淩正。注淩當作陵。是本作陵不作淩。
帝紀三。泰始元年下。罷部曲將長吏以下質任。吏下注今誤倒。是本作長吏
不作吏長。又麒麟各一。麒下注騏譌下同。是本作麒不作騏。
又泰始六年。賜大常博士學生帛牛酒各有差。學生下注二字脫通志及毛
本有。是本不脫此二字。
又泰始九年。鮮卑寇廣寗。寗下注寗譌。是本作寗不作寗。

又咸寧三年下。平虜護軍文淑討叛虜樹機能等並破之。並下注今脫。是本不脫並字。

又太康元年下。斬吳江陵督五延。五下注王非。五蓋子胥之後。是本作五不作王。又剋州四。剋下注毛克此從通志今作得譌。是本作剋不作得。

又太康四年下。牂柯獠二千餘落內屬。柯下注牁譌下同。是本俱作柯不作牁。

又太康六年下。尚書褚䂮。下注契譌音義䂮力灼反。是本作䂮不作契。

太熙元年春正月辛酉朔改元己巳。己下注今譌乙。是本作己不作乙。又承魏氏奢侈刻弊之後。刻下注革譌。是本作刻不作革。

太宗贊。驕泰之心因斯以起。下注因而斯起譌。是本作斯以不作而斯。

帝紀四。永平元年。得以眇身託于羣后之上。眇下注從耳非。是本從目不從耳。

又光熙元年下。九月頓丘太守馮嵩。頓下注今譌穎。是本作頓不作穎。

帝紀五。永嘉五年下。勒寇豫州諸郡。下注軍非。是本作郡不作軍。

又永嘉六年下。猗盧自將六萬騎。次于盂城。盂下注盆譌。是本作盂不作盆。

史臣贊。爾乃取鄧艾於農璅。宋本作瑣下注隙毛作瑣與璅同。是本作瑣不作隙。

帝紀七。咸和三年下。舟車四萬次于蔡州。下注洲案宋志蒲洲郁洲之類皆作州。是本作州不作洲。

又咸和四年下。李陽與蘇逸戰於柤浦。柤下注側孤側加二反作祖譌。是本作柤不作祖。

帝紀九。咸安二年下。若涉泉水。下注卽淵水作氷譌。是本作水不作氷。

太元十八年下。二月乙未又地震。宋本作地又震乙下注己譌。是本作乙不作己。

帝紀十。隆安元年下。散騎常侍郭謩。下注從麻譌。是本從厤不從麻。

其尤著者。則帝紀五永嘉二年下。劉元海寇平陽河東太守路述力戰死之。盧氏謂太守失名。是所見之本。已佚路述二字。又不逮是本矣。凡此皆是本勝於殿本之處。

袁甫鄭方二傳跳行未添題

顧亭林日知錄云。華譚傳末始淮南袁甫云。今誤以始字絕句。左方跳行。添列一袁甫題。而以淮字起行。又齊王冏傳後鄭方者。乃別敘其人及冏答書於後耳。跳行添題。亦誤。是本淮南袁甫及鄭方者。均已跳行。華譚傳末。已無始字。惟並未添袁甫鄭方二題。尙是舊式。

宋書

卷末疏語

晁氏郡齋讀書志．嘉祐中．以宋齊梁陳魏北齊周書舛謬亡闕．始詔館職讎校．曾鞏等以祕閣所藏多誤．不足憑以是正．請詔天下藏書之家．悉上異本久之始集．治平中．鞏校定南齊梁陳三書上之．劉恕等上後魏書．王安國上周書．政和中始皆畢．頒之學官．云云．今所存眉山七史．南齊梁陳三書有曾鞏等魏書有劉恕等周書有王安國等校上序言．與晁志所言合．宋及北齊二書似不當獨闕．或政和中校上二書時．原有序言．而後人失之也．是書志第十二卷末．有聖人制禮樂一篇中舞歌一篇云云六十四字．列傳第六卷末有臣穆等案高氏小史云云七十五字．正與他書所稱疑者不敢損益特各疏于篇末體例相同．然本書百卷．而疏語僅此二條．疑必有闕失已．

少帝紀史臣論猶有遺文

錢氏廿二史考異曰。少帝紀卷末無史臣論。其非休文書顯然。蓋此篇久亡。後人雜采以補之云云。今宋本卷末有則創業之君自天所啓守文之立其難乎哉數語。玩其詞意。確爲史臣論斷之言。惟前葉已闕。其全文不可得見。後之刊本。並此僅存之一行。亦就湮滅。按宋本本卷第四葉載皇太后廢少帝令末行今廢爲滎陽一依漢昌邑晉海西故事二語下有一鎭字。以意度之。必爲鎭西將軍某某入纂皇統云云。惜第五葉已亡。無可徵信。弘治修版。乃以南史補之。一字不易。而文義不相聯屬。遂削鎭字以泯其迹。不知南史爲記事之文。本書爲記言之文。強爲湊合。痕迹甚顯。其後北監汲古閣武英殿遞相傳刻。悉沿其誤。使無茲本。幾無以證錢氏之說矣。

蜀大字板在南宋時入浙

陸心源儀顧堂續跋。謂蜀大字本眉山七史。明洪武中取天下書版實京師。其版遂歸南京國子監云云。然是本列傳第三十四。版心有署至元十八年杭州錢弼刊者。第五十八有署至元十八年杭州劉仁刊者。是在元時此版已離蜀矣。余嘗見宋慶元沈中賓在浙左所刊春秋左傳正義。其刻工姓名與是本同者。多至數十人。其餘六史同者亦夥。鐫工亦極相肖。是又宋時先已入浙之證。卷中字體遒斂。與世間所傳蜀本同出一派。其版心畫分五格者。殆爲蜀中紹興原刊。餘則入浙以後由宋而元遞爲補刻也。

武帝名均作諱字

王氏十七史商榷曰。宋書武帝紀。其書檄詔策等。皆稱劉諱。此沈約本文也。而其閒亦多有直稱裕者。則是後人校者所改。改之未淨。故往往數行之中。忽諱忽裕。牽率已甚云云。按武帝紀上元興二年下。昨見劉諱風骨不恆句。非劉諱莫可付以大事句。南監本汲古本殿本兩諱字均作裕。而劉諱龍行虎步句。劉諱以寡制衆句。又皆作諱不作裕。武帝紀下永初元年下。皇帝臣諱敢用玄牡句。諱雖地非齊晉句。南監本汲古本兩諱字均作裕。而欽若景運以命于諱句。又作諱不作裕。是均見於同葉數行之內。王氏所斥必卽指此。然宋本實一律作諱。王氏所見蓋補版也。

殿本誤註爲正文

天文志三義熙九年下。今案遺文所存五星聚者有三周漢以王齊以霸句下。注曰。周將伐殷。五星聚房。齊桓將霸。五星聚箕。漢高入秦。五星聚東井。此二十五字。爲正文周漢以王齊以霸二句之注脚。故用夾行小字今殿本乃作正文。於文義複出。不可通矣。

闕文不當臆補

史有闕文。聖人所重。郭公夏五。著於春秋。雖操筆削之權。而不容臆爲增益。此修史之極則也。諸后妃傳。均曰諱某某郡某縣人。獨文帝沈倢伃傳。諱容下空四字。以武帝張夫人傳不知何郡縣人例推之。則沈倢伃傳。休文原書亦必有某郡某縣等字。而後人失之也。殿本乃實之曰不知何許。此不知而作之迹甚明。又王弘傳論州答鄰伍有犯刑坐中有四行。各闕數字。其間原有墨丁。餘痕尚存。而殿本亦無一字之闕。閱此殊令人興猶及之感。

南齊書

治平開板牒文

卷末有治平二年崇文院牒文。可以考見開印南北七史之由來。今錄如左。

崇文院

嘉祐六年八月十一日

勑節文宋書齊書梁書陳書後魏書北齊書後周書見今國子監並未有印本宜令三館祕閣見編校書籍官員精加校勘同與管勾使臣選擇楷書如法書寫板樣依唐書例逐旋封送杭州開板

治平二年六月　日

眉山重刊本

宋治平中曾鞏等校上南齊梁陳魏周等書。政和中頒之學官。紹興十四年井憲孟爲四川漕。檄求當日所頒本收合補綴。命眉山刊行。是本宋諱避至構愼二字。當是紹興蜀中重刊之本。亦即七史之第二刊本。

卷末疏語

曾鞏等校上是書。迺有疑義。均於卷末附綴疏語。今存者十條。志第九末有漆畫輪車注成棟梁云四十五字。傳第二十二末有張融海賦文多脫誤諸本同十一字。此二條各本皆有之。其紀第一策文難滅星謀疑七字。第四東西二省府國長老一本長字作屯疑十五字。傳第六類原即大世疑六字。第三十九鼂廣始登疑五字。此四條則唯見於三朝本汲古本。又紀第七青莽疑三字。傳第士鳴笳細錫疑五字。第二十徐令上文疑五字。第三十除青右疑四字。則唯見於是本。而他本均無之。殿本於紀一之難滅星謀句。改爲日蝕星隕。傳六之賴原卽大世句。改大爲夭。傳二十或有徐令上文長者句。改爲或有身病而求歸者。傳三十之除靑右出軍句。改除爲徐右爲詔。明萬曆監本汲古本卽已如是。以文義言之。所改字句自較順適。然曾鞏輩之所不敢擅動者。後之人乃代行之。殊失闕疑之旨矣。

補闕二葉

殿本志第七州郡下。缺十八行。傳第十六。缺十四行又三十字。第二十五。缺十四行又四字。第二十九。缺十五行又七字。明監本汲古本同。其行數字數均適當宋本之一葉。是本後二葉亦缺。而前二葉猶存。此爲盧氏羣書拾補蔣氏斠補隅錄所未載。今錄如左。

州郡志下第三葉原文

永寧郡
長寧　上黃
武寧郡
樂鄉　長林
巴州三峽險隘山蠻寇賊宋泰始三年議立三
巴校尉以鎭之後省昇明二年復置建元二年
分荆州巴東建平益州巴郡爲州立刺史而領
巴東太守又割涪陵郡屬永明元年省各還本
屬焉
巴東郡
魚復　朐䏰　南浦　聶陽

巴渠　新浦　漢豐

建平郡

巫　秭歸　北井　秦昌

沙渠　新鄉

巴郡

江州　枳　墊江　臨江

涪陵郡

列傳第十六第十葉原文

侍如故鑠清羸有冷疾常枕臥世祖臨視賜床帳衾褥隆昌元年加前將軍給油絡車幷給扶侍二人海陵立轉侍中撫軍將軍領兵置佐

鄱陽王見害鏁遷中軍將軍開府儀同三司鏁
不自安至東府詣高宗還謂左右曰向錄公見接
慇懃流連不能已而貌有慙色此必欲殺我三
更中兵至見害時年二十五
始興簡王鑑字宣徹太祖第十子也初封廣興
王後國隨郡改名永明二年世祖始以鑑爲持
節都督益寧二州軍事前將軍益州刺史廣漢
什邡民段祖以錞于獻鑑古禮器也高三尺六
寸六分圍二尺四寸圓如筩銅色黑如漆甚薄
上有銅馬以繩縣馬令去地尺餘灌之以水又
以器盛水於下以芒莖當心跪注錞于以手振

芒則其聲如雷淸響良久乃絕古所以節樂也
五年鑑獻龍角一枚長九尺三寸色紅有文八
年進號安西將軍明年爲散騎常侍祕書監領
石頭戍事上以與鑑久別車駕幸石頭宴會賞

舌中血出

殿本紀第一。隷弟遐坐通嫡母殷氏養女殷舌中血出。衆疑行毒害。三朝本汲古本均作殷言中血出。言字不可通。明監本改爲舌字。然其人生存。僅僅舌中血出。何足以云毒害。是本乃作殷亡口中血出。原板亡口二字略小。墨印稍溢。遂相混合。由亡口而誤爲言。由言而變爲舌。愈離愈遠矣。按宋書長沙景王道憐傳。義宗子遐。字彥道。與嫡母殷養女雲敷私通。殷每禁之。殷暴卒。未大殮。口鼻流血。與是本殷亡口中血出云云相合。殿本沿監本之譌。而案情輕重相去不可以道里計矣。

地名脫誤

州郡志上南徐州南平昌郡安丘縣下，有新樂東武高密三縣，又越州齊寧郡開城縣下，有延海新邑建初三縣，明監本汲古本均有之，而殿本均佚。又末行齊隆郡，殿本注先屬交州，中改爲關，永泰元年改爲齊隆，還屬關州，按是本無兩關字，惟原文漫漶不可辨，三朝本同，汲古本各空一格，明監本則各注闕字，殿本遂誤闕爲關，郡名無改稱爲關之理，且當時亦無所謂關州也。

荀丕苟平

殿本王秀之傳，州西曹苟平遺秀之知交書，明監本汲古本均作苟平，是本則作荀丕。三朝本同，下文丕字凡六見，他本亦均作平，兩字形極相似，墨印稍瀋，筆畫易致合併，然細認仍可辨別，且第二筆姿勢亦顯有殊異，按南史豫章文獻王傳。有潁川荀丕獻王書。又與長史王秀尙書令王儉書。與本傳所載。辭意均同。荀苟傳寫偶訛。丕不音義無別。必爲一人無疑。是本僅誤其姓。而他本則姓名皆誤矣。

梁書

卷末疏語

曾鞏序言臣等校正其文字。是卷末亦當有疏語。然行世各本皆無之。惟是本本紀第五末有元帝紀云召兵於湘州湘州刺史河東王譽　不遣遣世子方等帥衆討譽戰所敗死方等傳云至麻溪軍敗溺死譽傳云遣世子方等征之反爲譽所敗死疑紀闕誤六十三字。傳第七末有終追組而後値追組疑九字。第十五末有王僉傳屬循壚作亂疑九字。第三十三末有羊侃傳並其兄默及三弟悅給元皆拜爲刺史悅南史作忱未知孰是二十七字。此惟見於宋本卷內。其元明遞修各卷原本有無不可考矣。

宋本多墨丁空格

是本墨丁空格。凡數十見。他本除有數處仍注缺字外。餘均補以適當之字。大都取材於南史．如司馬筠傳二三王在遠諸子宜攝祭事句．南史諸子作世子．良吏傳篇首故長吏之職號爲親民句．南史號爲作號曰．其爲南史所未收者．亦各有所補．或循文義．或采事實．或取資於上下文．然賀琛傳權其事皆息費休民句．汲古本皆下增須字．蕭洽傳尙書■部郎句．汲古本部字作中．庾詵傳該涉釋教句．汲古本該字作詵．此可見本書所闕之字．原有不同．余不敢謂監本殿本所補．全爲臆造．眉山重刊所據諸本．當時收合補綴．文字庸有損蝕．主其事者．或於南史之外．覩有別本．如上文所舉互異之字．不能定其適從．故以墨丁空格代之．後人乃一一爲之彌補．以視眉山原刊．殊有間矣．

避唐諱諸字

思廉論撰是書．成於貞觀之世．因避唐諱．故改丙爲景．改虎爲獸．與武．改淵爲深．書中各數十見．明代重刻．乃復其初．錢竹汀以明人擅改本文．斥爲不學．一若明以前本盡避唐諱者。然以宋刊各卷考之。則紀第二天監四年下。丙午省鳳皇銜書伎。又十月丙午北伐。五年下。夏四月丙申廬陵高昌之仁山獲銅劍二。六年下。十二月丙辰尚書左僕射夏侯詳卒。傳第十一王珍國傳。十二月丙寅旦珍國引稷於衞尉府。以上丙字均不作景。又紀第五大寶三年下。何必西瞻虎據。乃建王宮。傳第五張弘策傳。虎據兩州。參分天下。第八任昉傳。媲人倫於豺虎。第十一張齊傳。天監二年還爲虎賁中郎將。第十四陳伯之傳。伯之子虎牙封示伯之。又遣信還都報虎牙兄弟。虎牙等走盱眙。又與子虎牙及褚緭俱入魏。又虎牙爲魏人所殺。第二十蕭琛傳。琛乃著虎皮靴策桃枝杖直造儉坐。第三十一謝舉傳。徵士何胤自虎丘山赴之。第三十四許懋傳。依白虎通云封者言附廣也。第四十七孫謙傳。先是郡多虎暴。謙至絶迹。及去官之夜虎卽害居民。以上虎字均不作獸與武。又傳第十四劉季連傳。太宰褚淵素善之。又新城人帛養逐遂寧太守譙希淵。又子仲淵字欽回。又送季連弟通直郎子淵及季連二子使蜀。第十五王志傳。褚淵爲司徒引志爲主簿。淵謂僧虔曰。第二十二夏侯夔傳。刺史蕭淵明引爲府長史。淵明彭城戰歿。又淵明在州有四妾章於王阮並有國色。淵明沒魏其妾並還京第。以上淵字均不作深。此必非思廉原文。宋元刊本即已如是。其竄易不知始於何時。固不能專責明人也。

王偉彭儁進士囊

簡文帝紀。既醉寢。王偉彭儁進士囊。王修纂坐其上。於是太宗崩。監本汲古本殿本則云偉乃出儁進士囊。與南史同。一似偉未親行纂弒者。按侯景傳。郭元建還自秦郡。諫景勿行弒逆。偉固執不從。南史梁紀八景納帝女溧陽公主。公主有美色。景惑之妨於政事。王偉每以爲言。景以告主。主出惡言。偉知之。懼見讒。乃謀廢帝而後間主。苦勸行殺。以絕衆心。又王偉傳亦云及行篡逆皆偉創謀。是行弑簡文實偉主之。雖侯景傳奉酒於太宗者祇彭儁王修纂二人而無王偉。然簡文帝紀則云王偉等進觴於帝。南史亦云王偉乃與彭儁王修纂進觴於帝曰丞相以陛下幽憂既久。使臣上壽。是則王偉明係共事之人。又何必於進土囊之前。獨先離去乎。此事宋本云云。似可徵信。

宋本闕文

陳伯之傳。伯之鄉人朱龍符爲長流參軍並乘伯之愚闇恣行姦險刑政通塞悉共專之伯之子虎牙下。接封示伯之。無時爲直閣將軍高祖手疏龍符罪親付虎牙虎牙十九字。

傅昭傳。太原王延薦昭於丹陽尹袁粲深爲所禮辟爲郡主簿使諸子從昭下。接定其所制。無受學會明帝崩粲造哀策文乃引昭十四字。

朱异傳。异居權要三十餘年善窺人主意曲能阿諛以承上旨故特被寵任歷官自員外常侍至侍中下．接四職並驅鹵簿．無四官皆珥貂自右衛率至領軍十二字．

右三段所闕字句．宋本汲古本同．監本殿本有之．殆據南史增補．

陳書

避陳諱及唐諱

高祖名霸先。世祖名蒨。宣帝名頊。其名書中皆避作諱字。惟廢帝伯宗後主叔寶均不避。其避唐諱者。丙作景。七十字。虎作武或作獸。各七字。淵作深。二字。然紀第三天嘉五年下周鐵虎。紀第六禎明三年下韓擒虎。又周鐵虎本傳陳慧紀傳豫章王叔英傳皇太子深傳任忠傳樊猛傳魯廣達傳之韓擒虎。徐陵傳之蕭淵明。又均不避。錢大昕謂思廉元文作武作虎者。皆後來校書者所改。所謂校書者。未知所指何人。然以上作虎作淵者。原板亦皆宋刻。何以有改有不改。是可見校刻之疏率。在宋本亦所不免。

卷末疏語

武英殿本書校刊官孫人龍跋。謂古本既不可見。國子監所存舊板。訛舛殊甚。

而鞏等篇末所疏疑義．亦無一存．按是本紀第一．存典徹或本作曲徹前有典徹湖亦同皆疑十六字．第三．存天嘉三年高句驪王高湯或本作高陽十五字．傳第三．存侯瑱傳分趨盪頓蕪湖洲尾或本作分頓疑吳明徹字通昭或本作通炤疑二十九字．第十．存劉師知傳孔中庶諸通疑十字．第二十八．存江德操字德藻或本江德藻字德藻疑十五字．第二十九．存陳寶應傳此皆明恥教戰濡須鞠旅恐有誤潼州刺史李賭或本作季腊或本作李睹疑三十四字．第三十．存始興王傳王飛禽除伏波將軍或本作伎後將軍疑二十字．毛氏汲古閣初印本僅存傳第二十八第三十之二條．陸氏儀顧堂題跋述其所藏．亦尚缺傳第二十九之一條．

大予太子

宣帝紀．太建十一年十二月己巳．詔大予祕戲非會禮經樂府倡優不合雅正並可删改明監本汲古閣本殿本大予均作太子按後漢書明帝紀永平三年秋八月戊辰改大樂爲大予樂注尚書璇璣鈐曰有帝漢出德洽作樂名予故據璇璣鈐改漢官儀曰大予樂令一人秩六百石殿本後漢書亦均誤作太子又蜀大字本梁書武帝紀中興三年正月高祖令掖庭備御妾之數大予絕鄭衛之音汲古本殿本又改大予作大享是必原作太子校者以其義不可通遂加古於子字之上並易太爲大以附合之是此二字在宋刻之後沿譌久矣余近見宋白鷺洲書院刊後漢書明帝紀及百官志大予二字均已作太子然則此二字在宋刻亦已譌誤矣

哥歌

世祖紀天嘉元年秋七月甲寅詔使棫樸載哥由庚在詠八月戊子詔葛豢厭於胥吏哥鍾列於管庫後主張貴妃傳選宮女有容色者以千百數令習而哥之徐陵傳襄老蒙歸虞哥引路杜之偉傳時樂府無孔子顏子登哥詞哥即古

歌字。宋刻猶多存古文。今本則皆改爲歌矣。

錢氏攷異可信

殿本宣帝紀。太建五年五月己巳。石梁城降。攷異云按上書徐槾克石梁城。此又云石梁城降。複沓甚矣。通鑑作瓦梁。蓋溫公所見本不誤。是本正作瓦梁。又衡陽獻王昌傳。尋與高祖俱往荆州。梁元帝除員外散騎常侍。荆州陷。又與高祖俱遷關右。攷異云二高祖字當作高宗。是本正作高宗。裴忌傳委忌總知中外城防諸軍事。及昳降高祖師位。按下文爲太建元年。此高祖二字亦當作高宗。攷異未指出。惟高祖紀永定二年。下北徐州刺史唱義之初首爲此職。攷異謂校書者不知昌義之爲人姓名。妄於昌旁加口。又增一初字。淺陋可笑。是本亦誤。

時本誤補墨丁

衡陽王伯信傳。禎明三年。隋軍濟江。與臨汝侯方慶並爲■衡州刺史王勇所害。汲古本殿本墨丁俱作西字。按方慶傳。隋師濟江。衡州刺史王勇遣高州刺史戴智烈將五百騎迎方慶。僅曰衡州刺史。並不冠以西字。且下文是時爲西衡州刺史者。實爲衡陽王伯信。是補墨丁爲西者。誤也。又蕭濟傳。太建初。入爲五兵尚書。與左僕射徐陵特進周弘正度支尚書王■散騎常侍袁憲俱侍東宮。汲古本殿本墨丁俱作瑒字。按王瑒傳。瑒於太建元年。遷度支尚書。無侍東宮之事。其侍東宮。在世祖嗣位之日。其官則散騎常侍領太子庶子也。疑此度支尚書王某別爲一人。其補墨丁爲瑒者。誤也。

魏書

宋本久湮

馮夢禎萬曆重雕魏書序。謂南監所藏唐以前諸史。獨此書刓敝甚議更新之。苦無善本校讎。魯魚帝虎。不能盡刊。斷篇脫字。所在而有。孫人龍校刊乾隆殿本後跋。亦云明所刻二十一史中。此書又最爲刓敝。今欲摘謬辨譌。不留遺憾。此實難矣。據此則萬曆乾隆覆刊之時。均不獲見宋刻矣。

華陽葉氏藏宋本

光緒中華陽葉氏嘗得宋刻。長沙王先謙約在京同官十人。以汲古閣本分任讎校。有校勘記。刊於廣雅書局。余取勘一過。有葉本已見訛奪。而是本尚完好無缺者。如世祖紀始光元年下。是劉義符爲其臣徐羨之等所廢殺。王校是下脫年字。是本不脫。盧淵傳傳業累世有能名。王校世下當重一世字。是本正重一世字尉元傳陸茲父事儀我萬方王校陸字宋本作涉不誤是本作陟不作涉程駿傳文成踐阼拜著作佐郎王校文成作高祖是本作高宗不誤高祖其他異同亦尙不少王氏所校凡八百餘條全卷未舉一字者及十卷蓋葉氏得是書時將由京之粵東不能久假諸人匆遽校讀故未能詳盡也

卷末疏語

是書疏語監本汲古本大都具存殿本均改作考證然亦不全采獨帝紀三卷末二條凡三百九十一字爲監本殿本所不載即汲古本亦僅存前後六行凡九十七字其間尙有二百九十四字全缺今錄其全文如左

魏收書太宗紀亡史館舊本帝紀第三卷上有白簽云此卷是魏澹史案隋書魏澹傳澹之義例多與魏收不同其一曰諱皇帝名書太子字四曰諸國君皆書曰卒今此卷書封皇子熙爲泰平王熙字佛釐姚興李暠司馬德宗

劉裕皆書卒故疑爲澹史又案北史高氏小史修文殿御覽皇王部皆鈔略魏收書其閒事及日有此紀所不載者北史本紀逐卷後論全用魏收史臣語而微加增損惟論明元即與此紀史臣語全不同故知非魏收史明矣崇文總目有魏澹書一卷今亦亡矣豈此篇乎

泰常七年四月封皇子燾爲泰平王五月詔皇太子臨朝聽政是月泰平王攝政重複不成文其年九月十月再書泰平王明年五月七月再書皇太子前後乖戾今據此紀無立泰平王爲皇太子事世祖紀云四月封泰平王五月爲監國亦不言曾立爲皇太子此紀初詔聽政便云皇太子後更稱泰平王惟北史泰常七年五月立泰平王燾爲皇太子臨朝聽政小史御覽亦無立皇太子事而自臨朝聽政後悉稱皇太子彼蓋出魏收史故與此不同隋書稱魏澹書甚簡要不應如此重復乖戾疑此卷雖存亦殘缺脫誤

宋本闕文較少

太宗紀泰常八年九月．劉義符潁川太守李元德竊入許昌詔周幾擊之元德遁下．各本闕三字．是本有走幾平三字．顯祖紀天安元年秋七月下．闕二字．是本有辛亥二字．陸麗傳至於奉迎守順臣下．闕二字．是本有職之二字．陸叡傳各賜衣物有差下．闕二字．是本有高祖二字而有差二字作布帛．又親幸城北訓誓羣帥除尚書令衞將軍下．闕一字．是本有叡字．又陸叡元不早下．闕五字．是本有蒙寵祿位極五字．而上文元不二字．是本作元丕．下文大臣二字．是本作人臣．呂羅漢傳故內委羣司外任下．闕四字．（汲古本不闕）是本有方牧正是四字．天象志四肅宗正光三年注辛亥又暈之占曰下．闕二字．是本有字細辨可認爲饑旱也．

殿本考證有誤

天象志二太和四年正月第二節。闕犯心考證云所闕之字南監本作戊午月。當亦誤也係何月戊午耶或此犯心二字重出云云是本戊午月下尚有又字。前節丁巳月犯心戊午爲丁巳後一日此承上文而言故曰又犯心南監本脫又字考證憑空揣測愈推愈遠矣又地形志二揚州邊城郡領縣二期思注郡治有九口宋本有殘形ヨ山豐城考證云召南按此指豐城言與期思並屬邊城郡監本誤刊豐城二小字於期思注下則邊城郡少一縣矣今改正云云是本期思注豐城二小字下別有新息二大字與期思同爲邊城之縣豐城爲期思所屬之城。並非縣名召南不見是本故致誤改。

宋本亦有闕誤

廣平王懷傳廣平王懷下旁注闕字下接有魏諸王云云所闕之字未詳其數。核其文義數當不少樂志劉芳上言先王所以教化黎元湯武所以下是本闕第十二全葉與其他各本同。又夏侯道遷傳中有錯簡。在第二十四五兩葉中。汲古本注此傳宋刻前後顚倒。案北雍本改正。此之錯簡並不在每葉起訖。未知何以致誤。王氏校記亦未指出。

司馬進司馬遜

司馬休之傳。晉宣帝季弟譙王進之後也。汲古本注進作遜。下文司馬叡僭立江南。又以進子孫襲封。是本兩進字均作遜。按晉書譙剛王遜傳。宣帝弟魏中郎進之子也。此云宣帝弟。則當是進而非遜。然封譙王者。據晉書實遜而非進。且宣帝兄弟八人。進居第六。亦不當云季弟。本傳追敘休之家世。遜爲始封之祖。自當稱遜而不稱進。若然則進字誤而宣帝季弟四字亦誤。

九磬九聲

樂志九德之歌。九磬之舞。奏之九變。人鬼可得而禮矣。各本九磬均作九聲。按前數語。見周禮春官大司樂。賓作磬不作聲。各本作聲者。形誤也。

北齊書

卷末疏語

帝紀三末。有臣等詳文襄紀其首與北史同而末多出於東魏孝靜紀其間與侯景往復書見梁書景傳其所序列尤無倫次蓋雜取之以成此書非正史也五十五字。各本俱存。惟紀第五。第七。第八。傳第二。第三。第四。第六。第七。第二十五。第二十六。第二十七。第三十。卷末均各有此卷與北史同六字。傳第二十。有此卷牽合北史而成八字。第二十一。有此卷雖非北史而無論贊疑尚非正史十五字。第二十九。有此傳與北史同但不序世家又無論贊疑非正史十九字。獨見於是本。其他各本均不載。錢氏廿二史考異陸氏儀顧堂題跋所記。亦未全也。錢氏謂帝紀三所存一條。爲嘉祐校刊諸臣所記。餘或爲明人所題。陸氏定爲均出宋臣之手。錢氏未見蜀大字本。故誤。其說是也。

汲古本闕葉

文宣紀第三十一葉。起乘馲駞牛驢訖唯數飲酒麴蘗。凡三百二十四字。汲古本全脫。又李繪傳第三葉第一行第三字起通急就章內外異之訖與梁人汎言氏族袁狎曰。凡三百二十一字。汲古本旣全脫。且以高隆之傳第五葉。除首三字外。餘均插入其間。文義全不貫串。校刻亦太粗率矣。

時本多訛字

眉山七史。此爲最遜。訛文脫句。不一而足。然亦殊有勝於時本者。汲古本讐校較精。尚有不逮監本殿本。更無論矣。

文宣紀。天保九年十一月丁酉。大赦內外文武普汎一大階。按廢帝紀天保十年十一月太子卽位。武成紀河淸元年正月立緯爲太子。其下均有內外百官普加汎級之文。蓋普汎爲當時法令習語。監本殿本易爲並進。殊嫌臆造。

斛律金傳。女若有寵。諸貴妬人。女若無寵。天子嫌人。措詞何等雋永。監本殿本易妬人爲人妬。嫌人爲嫌之。辭氣殊直率矣。

慕容紹宗傳。吾欲因百官出迎。仍悉誅之。謂可爾不。此爾朱榮稱兵入洛欲誅百官。私告紹宗之言。意謂可否如是也。汲古本監本殿本乃作爾謂可不。亦失語趣。

崔暹傳。暹喜躍奏爲司徒中郎。時暹欲誇耀其子達拏。令昇座講周易。屈服朝貴。寵之以官。喜躍者。極言其喜之甚也。監本殿本乃易躍爲擢。形容旣未曲盡。卽擢字無差。而擢奏亦嫌倒置。

楊愔傳。其開府封王。諸叨竊恩榮者。汲古本監本殿本乃作開封王。無府字。一似上文常山王長廣王之外。又增一王。

元文遙傳。詔特賜姓高氏。籍隸宗正。第依例歲時入朝。汲古本監本殿本乃易第爲子弟二字。以宗正子弟爲句。語已不文。且文遙爲孝昭顧命之臣。武成卽位。任遇益隆。賜姓高氏。正所以優禮老臣。豈有視如子弟之理。又文遙自鄴遷洛。惟有地十頃。家貧。所資衣食而已。監本殿本乃削去而已二字。語意亦欠完足。

崔季舒傳。庶子長君。尙書右丞兵部郎中。次鏡玄。著作佐郎。並流於遠惡。蓋兄弟二人同時流放於遠方惡地也。監本殿本乃作並流於長城。是反令其兄弟同居一地。殊失竄逐之意。

盧潛傳。特赦潛以爲岳行臺郎中。時潛方坐譏議魏書。與王松年李庶等俱被禁止。今將起用。故先赦之。監本殿本乃易赦爲敕。與上文文義不貫。

陽休之傳。齊受禪。除散騎常侍。修起居注。頃之。坐詔書脫誤。左遷驍騎將軍。

按魏書官氏志。散騎常侍從第三品。驍騎將軍第四品。故云左遷。汲古本監本殿本乃易驍騎爲驃騎。驃騎將軍第二品。與事實全反。

孟業傳。劉仁之謂吏部崔暹曰。貴州人士。唯有孟業。宜銓舉之。他人不可信也。監本殿本後二句作銓舉之次不可忘也。仁之於業推舉甚殷。故語暹亦極專摯。他本云云。乖其旨矣。

宋遊道傳。臨喪必哀。躬親襄事。監本殿本襄作喪。上文既言臨喪矣。又何必重言躬親喪事乎。

因刊誤而愈誤

余聞人言。舊本諸史訛字較殿本爲多。按殿本從監本出。明人刻書。每喜竄易。遇舊本不可解者。即臆改之。使其文從字順。然以言行文則可。以言讀書則不可。即以是書言之。如王琳傳。兵士透水死十二三。透水殿本作投水。透投二字。南北諸史往往通用。王西莊備舉其例。不知者必以透爲非矣。

蕭放傳。慈烏來集。各據一樹爲巢每臨時舒翅悲鳴。全似哀泣。家人則之。則字不可解。殿本易作伺字。意自了然。然烏知則非測之訛乎。

徐之才傳。郡廨遭火。之才起望夜中不著衣。被紅服帕出。戾映光爲昂所見。戾字殿本作戸。誠極明瞭。然余竊疑上句斷自出字。戾或原作戸火。誤併爲戾。解爲戸外之火。其光反映。似亦可通。

魏收傳。文襄曰。魏收恃才無宜適。須出其短。殿本作魏收恃才使氣。卿須出其短。語意固較明顯。然無宜適云云。亦何嘗不可索解。特措詞稍隱峭耳。

李稚廉傳。并州王者之基。須好長史。各舉所知。時乐有所稱。三朝本乐已訛牙。余校諸史。凡遇乐字。誤者什九。明監刊版時。校者疑牙誤。脫半字。遂改爲雅。殿本仍之庸知實非半字之奪而僅爲一筆之訛。
樊遜傳。秦穆有道。勾甚錫手。殿本作勾芒錫祥。甚芒形近。錫祥與下文降禍對舉。義亦允洽。糾正誠當。然手字究從何來。蓋羊古通祥。因羊而轉爲手。則何如易手爲羊之得反其原乎。
顏之推傳。牽痾痾而就路。自注時患脚氣。殿本作痾瘨。痾痾二字。誠鮮疊用。然痯痯瘐瘐見於爾雅。安知彼時無此二字疊用之古語乎。又款一相之故人。自注故人祖僕射掌璣（璣當作機）密土納帝令也。土納殿本作吐納。似矣。然尚書舜典龍作納言夙夜出納朕命。土出形似。故知土實出訛而非吐訛。
宋遊道傳。遊道從至晉陽。以爲大行臺吏部。又以爲太原公開府諮議。及平陽公爲中尉。遊道以議領書侍御史。此以議領書四字。必有脫誤。殿本作遊道以爲太原侍御史。驟讀之似甚順。不知侍御史非外職。不當冠以地名。改者見上文有太原公之稱以爲其官必隸公府但前後不接更增一爲字以聯之於是遂似遊道別舉一人以充斯職是則文義更不可通矣魏官氏志有開府諮議參軍有治書侍御史品秩相等時遊道正官太原公開府諮議汲古本亦有諮字竊謂原文議上奪諮字領下奪治字當作遊道以諮議領治書侍御史似較殿本所改爲適

高阿那肱傳安吐根曰一把子賊刺取郎者汾河中郎者二字殿本作擲取汲古本作一擲郎擲形似故易推測者字無可比擬毛氏去之代以一字殿本且並刪之然郎可改擲者何不可改諸且擲諸汾河語意似更完滿此不過就文字言之而原文究爲何語則不可知總之不宜臆改也

與北史互有異同

殿本祖珽傳珽性疎率不能廉慎守道倉曹雖云州局及受山東課輸由此大

有受納。豐於財產。又自解彈琵琶。能爲新曲。招城市年少。歌舞爲娛。游集諸倡家。與陳元康穆子容任胄元士亮等爲聲色之游。諸人嘗就珽宿出山東大文綾並連珠孔雀羅等百餘匹。令諸嫗擲樗蒱賭之。以爲戲樂。是本雖云州局句下。其文爲乃受山東課輸大文綾並連珠孔雀羅等百餘匹。令諸嫗擲樗蒲調新曲。招城市年少歌舞爲娛遊。諸倡家與陳元康穆子容任胄元士亮等爲聲色之遊。云云。又殿本文宣作相。珽擬補令史十餘人。皆有受納。而諮取教判。并盜官徧略一部。時又際珽祕書丞兼中書舍人還鄴。其事皆發。是本皆有受納句下。其文爲據法處絞。上尋捨之。又盜官徧略一部。事發。以上二節。比類觀之。文字繁簡不同。而事實亦異。然核其所言。於彼於此均可通。殿本云云。全出北史。按本卷並無同於北史之疏語。且汲古刊本詞句全與此同。汲古源出宋刻。是在宋時原有此異於北史之本。意者明代覆刊之時。所據之本已有殘佚。故取北史以補之。而殿本遂仍之耳。

傳次互異

傳第二十元孝友傳之次。爲元暉業。又次爲元弼。弼爲父。暉業爲子。子不當先父。殿本從而易之。似也。然暉業與孝友同時被害。孝友傳後。繼以暉業。史以紀事。連類而及。例亦恆有。且殿本目錄。亦先暉業而後弼。疑原本與宋刻同。而後始竄易之耳。

睦眭之辨

傳第三十七有睦豫傳。錢氏廿二史考異曰。廣韻睦字下不云又姓。它書亦未見睦姓者。然諸本皆從目旁云云。按本傳睦豫趙郡高邑人。本書崔暹傳。趙郡睦仲讓陽屈之。魏收傳。房延祐辛元植睦仲讓雖夙涉朝位。並非史才。北史此二傳。睦仲讓均作眭仲讓。又魏書逸士傳。有眭夸者。亦趙郡高邑人。又慕容寶傳。有中書令眭邃。汲古本亦誤作睦。而監本則作眭。由此推之。眭氏必爲趙郡鉅族。且當時人物亦甚盛。竊疑睦豫當爲眭豫之譌。猶幸尙從目旁未改爲陸。使非然者。恐錢氏亦無從致疑矣。

殿本增補字句據北史

殿本北齊書姚範後跋。屢經刊本舛錯。或妄有增損汨亂於其間者。今並考校。正其句字。其非本書而較然可知爲後人之補綴者。亦疏之每卷之末。蓋古書之存者鮮矣。其幸而傳者。亦非當日之舊云云。按本書考證。多采通鑑北史魏書及他書。字句之改訂者當不少。今摘其舊本所無而殿本所有者數條如左。

文宣紀。太后及左右大驚而不敢言。鱗身重踝。不好戲弄。殿本不敢言下。有及長黑色大頰兌下八字。監本同。

王紘傳。基先於葛榮軍。與周文帝據有關中。殿本周文帝下。有相知及文帝五字。監本同。

薛琡傳。不如分爲六軍。相繼而進。前軍若勝。後軍合力。前軍承之。殿本後軍合力下。有前軍若敗四字。其下前軍作後軍。監本同。

元孝友傳。設令人彊志廣娶。則家道離索。身事迍邅。內外親知。共相嗤怪。凡今姑姊逢迎。必相勸以妬忌。殿本凡今下有之人通無準節父母嫁女則教以妬十四字。其下必相勸以妬忌句無妬字。監本汲古本及魏書均同。夫妬非美德。閨中兒女容或有此戲謔之言。若父母以此訓女。殊乖情理。似當以舊本爲勝。

李繪傳。郡境舊有猛獸。民常患之。繪欲修檻。遂因鬬死。咸以爲化感所致。皆請申上。繪不聽。殿本皆請申上繪下。有曰猛獸因鬬而斃自是偶然貪此爲功人將窺我竟二十字。又傳末以此久而屈沈卒。殿本下有贈南青州刺史謚曰景九字。監本同。

崔暹傳。世宗欲假暹威勢。諸公在坐。令暹高視徐步兩人擊裾而入。殿本令暹下。有後通名因遇以殊禮暹乃十字。監本同。

王昕傳。鄭子默私謂昕曰。自古無朝士作奴。子默遂以昕言啓顯祖。殿本無朝士作奴下。有昕曰箕子爲之奴何言無也十一字。監本同。按此十一字卻不可少。

昕弟晞傳。乾明元年八月。昭帝踐阼。詔晞曰。何爲自同外客。略不可見。殿本昭帝踐阼下。有九月除晞散騎常侍仍領兼吏部郎中後因奏事罷帝從容曰比日二十六字。監本汲古本同。

鄭頤傳。乾明初。拜散騎常侍。二人權勢之重。與愔相埒。殿本下有愔見害之時邢子才流涕曰楊令君雖其人死日恨不得一佳伴頤後與愔同詔進贈殿中尙書廣州刺史頣弟抗字子信頗有文學武平末兼左右郎中待詔文林館六十四字。監本汲古本同。按此原文語氣。卻似未完。

宋遊道傳。時將還鄴。會霖雨。行旅擁於河橋。遊道於幕下朝夕宴歌。行者曰。何時節作此聲也。固大癡。殿本固大癡下。有遊道應曰何時節而不作此聲也亦大癡十六字。又遊道每戒其子屯蹇性自如此。子孫不足以師之。諸子奉父言。柔和謙遜。士素沈密少言。有才識。中書黃門侍郎。殿本每戒其子下。有士素士約士愼等曰吾執法太剛數遭十五字。又有才識下。有稍遷中書舍人趙彥深引入內省參典機密歷十八字。監本汲古本同。

爾朱文暢傳。平秦王有七百里馬。文略敵以好婢賭而取之。明日平秦使文略彈琵琶。吹橫笛。謠詠。倦極。使臥唱挽歌。殿本明日平秦下。有致請文略殺馬及婢以二銀器盛婢頭馬肉而遣之平秦王訴之於文宣繫於京畿獄三十三字。其下使文略彈琵琶句。無使字。監本汲古本同。

右列各條。殿本所增補者均出於北史。其中僅有二條。原文卻有脫漏。固以增補爲宜。餘則非所必需矣。

周書

避周諱及唐諱

文帝紀．魏恭帝元年四月．詔封太祖子諱爲輔城公．諱者邕字．武帝諱也．孝閔帝紀．以大將軍寧都公諱．諱者毓字．明帝諱也．武帝李皇后傳．天元皇帝臣諱奉璽綬册．諱者贇字．宣帝諱也．柳慶傳．宇文諱忠誠奮發．諱者泰字．蘇綽傳．柱國諱洎羣公列將．罔不來朝．又柱國諱洎庶僚百辟．拜手稽首．此二諱字．各本俱作虎．殿本考證據北史定爲泰字．文帝諱也．又武帝紀．建德二年六月壬子．皇孫衍生．此爲靜帝．其諱曰衍．以上例推之．此當作皇孫諱生．乃不作此語．而易爲爲字．不成之行字．一似後世之闕筆者．自亂其例．殊不可解．

文帝紀．魏永熙三年十一月．遣儀同李諱與李弼趙貴等討曹泥於靈州．諱引河灌之．又魏大統四年八月．開府李諱念賢等爲後軍．遇信等退．卽與俱還．又及李諱等至長安。計無所出。諱者皆虎字。唐高祖之祖諱也。武帝紀保定四年九月。封開府李諱爲唐國公。又天和六年五月。以大將軍唐國公李諱。此二諱字。各本俱作虎。殿本考證定爲昞字。不誤。唐高祖之父諱也。

卷末疏語

眉山七史。唯周書最罕見。存者皆三朝本。涵芬樓獨藏其二。且宋刊之葉。尚存什之七八。已燬於兵火。余友潘博山以此見假。元明補版。多於涵芬藏本。版心雖已剜去。一望可識。然以余所見。此亦其亞已。卷末疏語。僅傳第二十四存右此卷內申徽陸通柳敏唐瑾傳全與北史同十八字。第二十五存右此卷內楊荐王慶傳全與北史同十四字。疑不僅此二條。然無可考矣。

闕文可補

賀蘭祥傳。祥有七子。敬。讓。璨。師。寬。知名。敬少歷顯職。封化隆縣侯。後襲爵涼國公位至柱國大將軍華州刺史讓大將軍鄜州刺史河東郡公璨開府儀同三司宣陽縣公各本此下接隋文帝與祥有舊開皇初追贈上柱國上文歷舉祥子五人之名乃僅及敬讓璨三人而師寬未及戞然而止明清覆刊校者俱不之覺今覩是本乃知宣陽縣公下尚有六十六字其文曰建德五年從高祖於幷州戰歿贈上大將軍追封淸都郡公師尚世宗女位至上儀同大將軍幽州刺史博陵郡公寬開府儀同大將軍武始郡公祥弟隆大將軍襄樂縣公云云歷舉師寬二人官職與上文相應文義乃完其他增出之字尚多茲不縷舉

大皇后非太皇后

宣帝紀大象二年二月癸未立天元皇后楊氏爲天元大皇后天皇后朱氏爲天大皇后天右皇后元氏爲天右大皇后三大皇后殿本均作太皇后按宣帝即位當宣政元年閏月即立妃楊氏爲皇后大象元年四月又立妃朱氏爲天

元帝后七月又改天元帝后朱氏爲天皇后立妃元氏爲天右皇后又列傳宣帝楊皇后隋文帝長女朱皇后靜帝之母元皇后開府晟之第二女是可知三氏皆宣帝之皇后各加一大字者隆以尊稱而已殿本稱太皇后實誤

禈窟禪窟

皇甫遐傳遐性純至少喪父事母以孝聞保定末又遭母喪乃廬於墓側負土爲墳後於墓南作一禈窟又云禈窟重臺兩匝總成十有二室按兩禈字當從衣旁訓附訓小蓋遐於其母墓側穿一窟室取土培墓已卽處於窟中冀朝夕不離其母是本從亓旁實誤而殿本均改爲禪窟按之本傳絕無於彼習佛參禪之意蓋禈禪形近遂因而致誤耳

龜茲國傳訛字

龜茲國傳賦稅准地山之天田者則稅銀錢句語不可解各本乃易山之天田

四字爲徵租無田又婚姻喪葬風俗物產與治封天白句亦必有誤各本乃易治封天白四字爲焉耆略同固文從而字順矣然原本何以有此訛誤實莫測其由來王安國等校上是書時當必附有疏語而今無存者或失之耳

明補本多訛字

涵芬藏本未燬時余嘗用校各本其校記尚存宣帝紀大象二年下每召侍臣論議唯欲興造變革是本論議作論議李檦傳四年卒於鎭贈恆朔等五州刺史是本無贈字王羆傳討平諸賊還授右將軍西河內史是本討平作許平盧辯傳性強記默識能斷大事是本默識作默契史寧傳寧隨勝奔梁梁武帝引寧至香磴前是本香磴作香蹬竇熾傳蒞職數年政號清淨是本清淨作清靜陸通傳通從若干惠戰於邙山衆軍皆退是本邙作芒元定傳先是生羌據險不賓者至是並出山谷從征賦焉是本生羌作主羌司馬裔傳天和初信州蠻

酋冉令賢等反。連結二千餘里。是本冉作舟。裴果傳。子明弟子陵。司右中士帥都督涼州別駕。是本無士字。辛昂傳。於是遂募開通二州。得三千人。倍道兼行。是本開通作通開。庾信傳。才子幷命。俱非百年。是本非作飛。又硎穽摺拉鷹鸇批攢。是本硎作州。扶猛傳。猛率其衆。據險爲堡。時遣使微通餉饋而已。是本微通作徵通。以上訛字。均見是本明補之葉。聊記於此。以證舊本之可貴。

隋書

元大德九路刊本

明黃佐南廱志。元江東建康道肅政廉訪使。以十七史艱得善本。從太平路學官之請。徧牒九路。令本路以兩漢書率先。諸路咸取而式之。按元史建康道所轄九路。一寧國。二徽州。三饒州。四集慶。五太平。六池州。七信州。八廣德。其九爲鉛山州。不稱路。然直隸行省。與路同。是本版心有堯學路學番泮浮學樂平錦江初菴等字。堯番爲饒鄱之省文。堯學路學。即饒州路學。番泮即鄱陽縣學。浮學樂平即浮梁樂平二州學。蓋某路承刊某史。又與其所屬州縣分任之。至錦江初菴。皆書院名。錦江在安仁縣。爲宋倪玠講學之所。初菴在德興縣。爲邑人傅立號初菴者所設。元制書院設山長。亦爲朝廷命官。故與州縣學同任刊刻之役也。

監本訛字

殿本是書據宋刻校勘。故訛脱視他史爲少。然校刊官張映斗識語。謂宋本殘缺。乃以監本爲底本。故有時不免爲監本所誤。其地名如高祖紀下。開皇十年六月癸亥。以浙州刺史元胄爲靈州總管。監本浙州作浙江。本書地理志下。餘杭郡。注平陳置杭州。當時並無浙州之名。至浙江則至明洪武時始有之。而地理志中。有淅陽郡。注西魏置淅州。隋初未改郡。當仍其稱。此浙字必淅字之訛。殿本亦沿作浙。

地理志上。西城郡統縣黃土。注西魏置淯陽郡。後周改郡。置縣曰黃土。監本淯陽作涓陽。本書地理志中。淯陽郡。注西魏置蒙州。仁壽中改曰淯州。寰宇記。淯水在廢淯陽縣西一百步。自商州上津縣來。東流注於漢。是淯陽實以淯水得名。涓字實淯之譌。殿本亦沿作涓。

張熲傳。河間鄚人也。監本鄚作鄭。本書地理志中。河間郡統縣十三。有鄚縣。隋有鄭州。屬滎陽郡。有鄭縣。屬京兆郡。去河間均甚遠。舊唐書地理志。河北道莫州。本瀛州之鄚縣。開元十三年。以鄚字類鄭字。改爲莫。是鄚之訛鄭。由來已久。殿本亦沿作鄭。

李密傳。王世充引兵來與密決戰。密留王伯當守金墉。自引精兵就偃師。北阻邙山以待之。舊唐書紀此事。亦作邙山。監本邙山作邛山。元和郡縣志。北邙山在偃師縣北二里。此云就偃師。必爲邙山無疑。監本作邛者。誤於形似也。殿本亦沿作邛。

其人名如

律曆志中。張賓改曆。劉孝孫等駁言其失。謂漢書武帝太初元年丁丑歲落下閎等考定太初曆。又天文志渾天儀篇。落下閎爲漢孝武帝於地中轉渾

天定時節。監本落下均作洛下。漢書律曆志武帝元封七年。議造漢歷。募治

歷者。方士唐都巴郡落下閎與焉。是洛下誤也。殿本亦沿作洛下。

王充傳有道士桓法嗣者。自言解圖讖。監本桓作相。北史兩唐書世充傳紀

此事均作桓法嗣。不作相法嗣。蓋桓爲宋諱避缺末筆。元本亦往往沿之。監

本作相。蓋誤認也。殿本亦沿作相。

其官名如

禮儀志六紀文武冠服。尙書都令史節謁都水令史。監本作謁都令史。按謁

爲謁者臺都水爲都水臺令史爲二臺屬官。且上文有尙書都令史。謁者位

卑。不當有都令史。必爲都水無疑。監本既脫。殿本亦沿之。

史祥傳。進位上開府。尋拜蘄州總管。未幾。徵拜左領左右將軍。監本作左領

軍右將軍。本書百官志。左右領左右府各大將軍一人。將軍二人。曰各一人

二人者必有左領或右領左右大將軍將軍矣且獨孤陁傳亦有拜上開府右領左右將軍之語此可證左領左右將軍實有其官監本疑疊見左字有譌故刪其一殿本亦沿之

裴矩傳祖他魏都官尚書監本作郡官尚書魏書官氏志有列曹尚書都官爲列曹之一魏書北史本傳雖不言其曾官此職然若以郡上屬魏字官下屬尚書字爲句則更不成詞且魏官名無獨用尚書二字者監本失於前殿本踵於後誤也

特勤特勒

此二字聚訟紛紜歷久不決

宋司馬光資治通鑑考異突厥子弟謂之特勒諸書或作特勤今從劉昫舊唐書及宋祁新唐書

元耶律鑄雙溪醉隱集自注和林城苾伽可汗之故地也歲乙未聖朝太宗皇帝城此起萬安宮城西北有苾伽可汗宮城遺址城東北有唐明皇開元壬申御製御書闕特勤碑闕特勤骨咄祿可汗之子苾伽可汗之弟也名闕可汗之子弟謂之特勤其碑額及碑文特勤皆是殷勤之勤字唐新舊史凡書特勤皆作銜勒之勒字誤也諸突厥部之遺俗猶呼可汗之子爲特勤特謹字也則與碑文符矣

清顧炎武金石文字記涼國公契苾明碑婁師德撰殷元祚正書此碑立於先天元年十二月其中特勤字再見皆特勒之訛按北史突厥傳大官有葉護次特勒唐書（按此爲舊唐書）突厥傳可汗者猶古之單于其子弟謂之特勒迴紇傳依託高車臣屬特厥近謂之特勒無君長契苾何力傳父葛隋大業中繼爲莫賀咄特勒隋書高祖紀突厥雍虞閭可汗遣其特勒來朝李崇傳突厥遺

使謂崇曰。若來降者。封爲特勒。史傳中稱特勒者甚多。此乃作特勤。又柳公權神策軍碑。亦云大特勤嗢沒斯。此皆書者之誤。

畢沅關中金石記。涼國契苾明碑。唐時單于稱可汗。其次謂之特勤。柳公權神策軍碑所謂大特勤嗢沒斯者是也。又或作勅勤。亦謂之特勒。今此作勤。與柳書同。字形相近。必有一誤。按北魏書有宿勤明達。北史作宿勒。其誤與此同。

錢大昕十駕齋養新錄。突厥傳。可汗者。猶古之單于。其子弟謂之特勒。顧氏金石文字記歷引史傳中稱特勒者甚多。而涼國公契苾明碑特勤字再見。又柳公權神策軍碑。亦云大特勤嗢沒斯。皆書者之誤。予謂外國語言。華人鮮通其義。史文轉寫。或失其眞。唯石刻出於當時眞迹。況契苾明碑宰相婁師德所撰。柳公權亦奉敕書。斷無訛舛。當據碑以訂史之誤。未可輕訾議也。

宗室盛昱闕特勤碑記。右碑在三音諾顏之哲里夢。伯愚表弟訪拓寄余。此元耶律文忠後第一拓本也。闕特勤建碑事。載新舊唐書突厥傳。闕特勤以開元十九年卒。三月。明皇詔金吾將軍張志逸都官郎中呂向齎璽書弔祭。並爲立碑。上自爲碑文。仍立祠廟。刻石爲象。四壁畫其戰陣之狀。特以高手六人往。今碑云開元二十年七月七日建。蓋市石察書。非蕃人所習。亦須驛遣高手。故遲至一年有半也。（以下引耶律鑄雙溪醉隱集自注。已見上文。不複錄。）今拓本正作特勤。知文忠之言不誣。特勤轉爲特謹。特謹又轉爲台吉。今蒙古呼王之子弟皆爲台吉。台讀若太。吉讀若級。太特級謹。聲固相通矣。

盛昱又云。特勤字。唐修隋書。五代宋修唐書。凡數百見。無不作勒。然此元刊隋書。殊不盡然。李崇傳。突厥欲降崇。遣使謂之曰。若來降者。封爲特勤。又西突厥傳。其國立鞅素特勤。是謂泥利可汗之二條。特勤之字。皆作殷勤之勤。而不作銜勒之勒。蓋前人之所未見者也。今所選宋刻新舊唐書。闕特勤建碑事。亦均作特勒。然張長遜傳。及天下亂。遂附於突厥。號長遜爲割利特勤。又襄武王琛傳。始畢甚重之。贈名馬數百匹。遺骨咄祿特勤隨琛貢方物。又李大亮傳。北荒諸部相率內屬。有大度設拓設泥熟特勤及七姓種落等。尚散在伊吾。此皆見於明聞人詮本。其字猶有未盡誤者。余竊推其致誤之由。錢氏謂外國語言。華人鮮通其義。其說固當。然觀於溫公攷異諸書云云。及婁柳二氏所書之碑。當時於此二字。固未有全作勒者。上文所舉隋唐二書諸條。亦未嘗不勤勒互見。傳刻之時。同一不通其義。何以獨取勒而不取勤。蓋蕃語多卷舌音。故頻用勒字。隋唐諸書。種名如敕勒。鐵勒。突騎施烏質勒。地名如疏勒。咥勒兒。鉢盧勒。人名如安西龐勒。葛勒阿波。已爲讀者所習見。校刊之時。遂不免以此例彼。意爲去取。而勒字日見其多。勤字日見其少。即偶有留遺。必猶是沿襲舊本。未爲校刊者所注意故得爲碩果之存錢氏謂史文轉寫或失其眞指爲無心之過者余竊恐未盡然也闕特勤碑爲明皇御製御書耶律鑄既以特謹之音互印於前盛昱復以台吉之稱申證於後余更以隋唐諸書僅存之數字爲之證補此字爭端庶可定矣

鳪衣

禮儀志六皇后衣十二等其翟衣有六采桑則服鳪衣注黃色諸公夫人諸伯夫人諸子夫人三妃三公夫人均服此衣故鳪字凡七見是本惟諸公夫人節誤作卜旁餘皆不誤監本則全作[忄鳥]爾雅釋鳥鳪雉郭璞注黃色鳴自呼與本書注正同皇后翟衣六鳪衣外有翬衣注素質五色有褕衣注靑質五色有鷩衣注赤衣（按衣爲色之譌）有鵗衣注白色有翗衣注玄色五者皆以雉文爲飾故稱翟衣爾雅素質五采皆備成章曰翬靑質五采皆備成章曰鷂又鷩雉注似山雞

而小冠背毛黃腹下赤項綠色鮮明。鶾雉。注。今白鶾也江東呼白鶾亦曰白雉。
秩秩海雉。注。如雉而黑在海中山上。其色澤與是書所注全合。是鳪之當從卜
旁。毫無疑義。是本誤者一而未誤者六。校刊監本者。見舊本互有異同。以卜旁
之字罕見。遂不問上下文之意義及其字之有無。而昧然盡改爲卜旁。至武英
殿開版。一仍舊貫。而鳪字遂從此湮滅矣。

南史

元刊序

此爲元建康道九路刊本。卷首有刊書序。凡四葉。中闕一葉。各家藏本皆同。以爲無可訪補矣。江安傅沅叔在永樂大典中覓得之。錄以見示。今載其全文如左。

南史所載宋齊梁陳本紀十卷列傳七十卷李延壽撰述之筆詳矣僕請棃而言之宋高祖討桓玄除晉孽自爾骨肉相殘七傳爲齊太祖所滅齊興僅二十四年東昏和帝廢弒之禍酷烈梁武受禪輕納侯景結怨東魏疆場淪亡子孫被其弒逆國祚易而爲陳傳四帝而後主無道納隋叛降竟爲隋俘天下混一歸于隋吁四朝代謝不過一百七十三年彼享國脩短廢興治亂之迹史臣述之垂世鑑戒一開卷間瞭然在目覽之者鮮不惕然于心較之

唐堯在位七十載周家傳祚八百六十有七天壤差殊靜言思之固雖氣運使然亦豈智力之所可恃孔子曰道二仁與不仁而已矣詩云殷鑒不遠在夏后之世誠哉是言也今江東幸甚際遇繡衣部使者拜都廉使暨憲府諸公勉勵一道儒學分刊十七史桐川偶得南史以學廩不敷勸率諸儒葺匠鋟梓時重其事荷郡侯呂公師臯提綱於先繼蒙郡同知張公雲翼偕僚屬振領於後遂成此書江左後學感廉使嘉惠之德不淺也蜀人蒯東寅忝郡文學黽勉與力因喜書成傳之永久與天下覽者共之故僭爲引筆序其顛末云大德丙午立夏拜手謹書

寫刊人名

是本版心不記刊板地名。惟梁紀第八第一葉魚尾下。有古杭占閏傳。第三十一第十八葉。有古杭良卿刊等字。第七十末葉版心下。題桐學儒生趙良粢謹書自起手至閣筆凡十月小字二行。先是刊書序闕第三葉。未知爲桐川。故以上文古杭推之。疑爲桐廬。但建康道九路所屬縣州。亦無名桐川者。按淸一統志廣德州屬。有桐水。在州西少北。流經建平縣南。在元之廣德路境。又廣信府屬。有桐木水。在鉛山縣南。源出福建崇安縣界。在元之鉛山州境。有桐源書院。在今貴溪縣。貴溪與鉛山爲鄰。以隋書及北史刊地例之。此當以鉛山爲近。按元太平路刻漢書儒學教授孔文聲跋。有致工於武林之語。宋南渡後。杭州刻書甚盛。即遭鼎革。良工猶存。以意度之。是占閏良卿二人。必至自武林之匠役。寫官趙氏。或同時與之偕來也。

袁劉袁鄧

宋帝九錫文。乃者袁劉搆禍。實繁有徒。袁劉二人。王鳴盛舉晉陵太守袁標義興太守劉延熙以當之。是本袁劉作袁鄧。按本史宋本紀下。泰始元年十二月。

江州刺史晉安王子勛舉兵反。鎭軍長史袁顗赴之。鄧琬爲其謀主。宋本宋書作劉琬。實誤。殿本考證謂無其人。若袁標劉延熙者不過後來響應之輩。且與袁劉同時舉兵者尚有顧琛王曇生程天祚諸人。九錫文贊揚齊帝功業。必以戡除禍首爲言。斷無遺首舉從之理。是本作袁鄧。當不誤也。

冶爲繫囚之所

江祏傳。祏等既誅。帝恣意游覽。單騎奔馳。謂左右曰。祏常禁吾騎馬。小子若在。吾豈能得此。因問祏親親餘誰。答曰。江祥今猶在也。乃於馬上作敕賜祥死。各本皆同。是本作今猶在冶。不作在也。按本史梁武帝紀。東昏聞郢城沒。乃爲城守計。簡二尚方二冶囚徒以配軍。始安王遙光傳。遙光欲以討劉瑄爲名。夜遣數百人破東冶出囚。尚方取仗。晉安王子懋傳。子懋既被害。其故人董僧慧爲王玄邈所執。僧慧請俟主人大斂畢。退就湯鑊。玄邈義之。具白明帝。乃配東冶。

文學卞彬傳。永明中瑯邪諸葛勗爲國子生。坐事繫東治。作東治徒賦。綜上文所言。是治者實爲當時縶繫囚徒之所。江祏既誅。其弟祥必以親屬繫獄。左右答明帝問。謂今猶在治者。猶言今尚在獄中也。若僅言其人猶在。則必先事追捕。又安能卽於馬上作敕賜死乎。諸本作在也。實誤。

述職

蘭欽傳。改授都督衡州刺史。未及赴職。下文詔加散騎常侍。仍令赴職。監本殿本同。是本兩赴職字均作述職。按本史張纘傳。改爲湘州刺史。述職經塗。作南征賦。孫謙傳。宋明帝以爲巴東建平二郡太守。郡居三峽。恆以威力鎮之。謙將述職。勅募千人自隨。此述職二字。雖與孟子諸侯朝於天子之義有所不合。然自是當時通行之語。汲古本亦作述不作赴。且張纘孫謙二傳。諸本均仍其原文。則蘭欽傳之作赴職。必爲後人竄改。

太子僕非僕射

昭明太子傳。始興王憺薨。舊事以東宮禮絕傍親。書翰並依常儀。太子以爲疑。命僕射劉孝綽議其事。各本同。是本作僕劉孝綽。無射字。按下文太子令。亦言劉僕議云傍絕之義。義在去服云云。並不稱劉僕射。孝綽本傳。爲太子僕。掌東宮管記。梁書本傳。亦言先後爲太子僕。攷其歷官。未至僕射。諸本言僕射者誤也。

齊武帝非梁武帝

孝義江泌傳。乘牽車至染烏頭。見一老公步行。下車載之。躬自步去。梁武帝以爲南康王子琳侍讀。各本同。是本躬自步去下。武帝上作染。不作梁。按本史梁武帝諸子傳。有南康簡王績。而無子琳。其人子琳。實爲齊武帝第十九子。見齊武帝諸子傳。齊書江泌傳。亦言世祖以爲南康王子琳侍讀。且染爲上文染烏頭之省文步去下綴此一字。於文義亦較完足。校者偶未省察。疑染字爲不文。任改爲形近之梁字。諸本沿之。而子琳遂永謂他人父矣。

方等傳文字未蝕

元帝諸子忠壯世子方等傳。及至麻溪。軍敗溺死。方等之死。元帝聞之心喜。不以爲戚。是本作軍敗溺死。求屍不得。上句既云溺死。下句又云方等之死。意嫌複沓。又下文有招魂以葬之語。實與求屍不得相應。此句適在本葉邊行。余嘗見一本此四字微有磨蝕之迹。是必覆刻之時。所據之本此四字已損滅無存。遂任以他字補之耳。

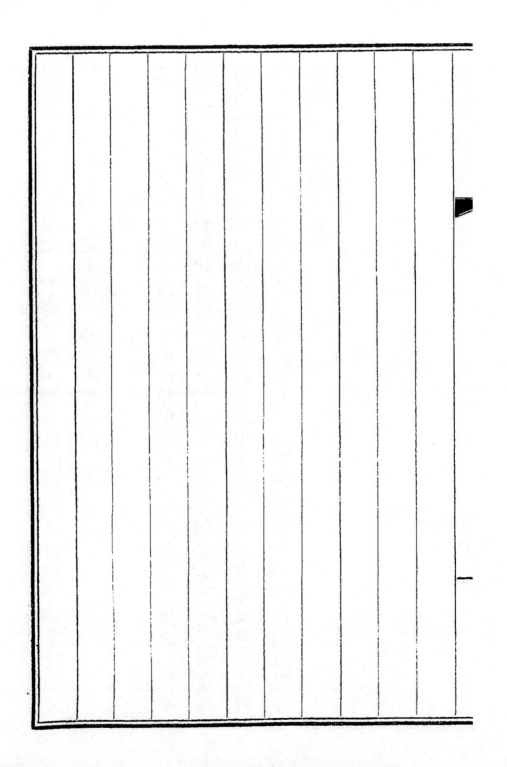

信州路刊本

此亦元大德九路刊本之一。版心有信州路儒學信州路學信州學本學府學州學路學象山書院稼軒書院藍山書院道一書院玉山縣學永豐縣學弋陽縣學上饒縣學貴溪縣學刊等字。細黑口。魚尾上下間記字數及刻工姓名。校正者。有周已千孫粹然方洽周益周之冕陳華鄭道寧王烈楊燧陳志仁諸人署名卷末一人至四人不等。

集慶路刊本

是本行款。與前書合。校正人名亦同。惟增孫⿰爿爽然一人。然非覆刻前本。以某人校某卷。與前書不盡合也。版心無刊版所在地名。上下闊黑口。亦間記刻工姓名。明南雍志經籍考。載北史一百卷。存者二千六百七十六面。缺四十五面。本集慶路儒學梓。或卽此本歟。又隋書南史亦均有集慶路儒學梓本。均見金陵新志。此三史集慶路殆據九路本同時各重刻一部也。

多存古字

王鳴盛謂南北各書旣多別體。李延壽全不知小學。仍訛踵謬。觸目皆是。今觀北史。如以愆爲僁。以驗爲騐。原注見長孫晟傳。按晟傳謹驗兵書句。是本並不作騐。以鐀爲櫃。以几爲机。以算爲筭。以殺爲煞。以投爲透。字體不正如此。又云亦有俗書已誤而此尚存古者。如以廂爲箱。以擒爲禽。以賑爲振。以餒爲餧。然以余所見。尚不止此。如時本紀第三魏孝文紀。帝潔白有異姿。 列傳第七彭城王勰傳。淸規懋賞。與白雲俱潔。是本兩潔字均作絜。紀第七齊孝昭紀。又命開府長流參軍刁柔代之。 傳第二十崔孝芬傳。與大都督刁宣往救援。是本兩刁字均作刀。

紀第十周宣帝紀。四皇后及文武侍衞數百人並乘驛以從。　傳第七趙郡
王幹傳。靈太后遣游擊將軍王爭馳驛喻之。是本兩驛字均作馹。
紀第十二隋煬帝紀。近臣互相掩蔽。皆隱賊數。不以實對。　傳第八十五西
域傳。暨魏晉之後。互相吞滅。是本兩互字均作𠀋。
傳第三武衞將軍謂傳。臣哉隣哉隣哉臣哉。是本四哉字均作才。
傳第四廣陽王建傳。異端訟臣緝緝翩翩。謀相誹謗。是本作偏偏不作翩翩。
傳第七趙郡王幹傳。坐毆其妃免官。　第十三古弼傳。以手搏其耳。以拳毆
其臂。是本兩毆字均作敺。
又彭城王勰傳。乃夜進安車於郡廳事。　第五十六豆盧勣傳。有白烏飛上
廳前。是本兩廳字均作聽。
傳第九崔浩傳。宜分軍隱山掩擊不意。　又臣觀天文。比年以來。月行掩昴。

是本兩掩字均作奄。

傳第二十崔說傳。少有氣槩。膂力過人。是本作旅不作膂。

傳第二十二游明根傳。如聞賊將屢以宿豫求易朐山。第四十七李詢傳。屢以軍功加位大將軍。是本兩屢字均作婁。

傳第二十四薛端傳。梁主蕭詧會獻瑪瑙鍾。第四十一鮮于世榮傳。及周武帝入代。送瑪瑙酒鍾與之。是本兩瑪瑙字。一作馬瑙。一作馬腦。

傳第二十九楊穆傳。弟儉位北雍州刺史。政尚寬惠。又楊文恩傳。後爲魏州刺史。甚有惠政。是本兩惠字均作慧。

傳第三十一李平傳。愉天迷其心。構此梟悖。第六十二裴蘊傳。源其情意。深爲悖逆。是本兩悖字均作勃。

傳第三十二崔光傳。梟鵬鳴於宮寢。第八十一蕭詧傳。七年冬有鵩鳥鳴于寢殿。是本兩鵬字均作服。

又崔光傳。一食之費容過斤鎰。是本作溢不作鎰。

傳第三十三傅永傳。能手執鞌橋倒立馳騁。　第七十七李順興傳。以布衣倒覆身上。是本兩倒字均作到。

傳第四十九王誼傳。然性懷險薄。　第五十四泉企傳。前途夷險。抑未可知。是本兩險字均作儉。

傳第五十九秦王俊傳。但費官物營廨舍而已。是本作解不作廨。

又越王侗傳。化及梟獍爲心禽獸不若。　第六十七傳論。梟獍兇魁相尋葅戮。是本兩獍字均作鏡。

又傳論。棠棣之詩徒賦。有庳之封無期。是本作鼻不作庳。

傳第六十三元巖傳。權侔王室。以爲磐石之固。是本作盤不作磐。

傳第七十一顏之儀傳。我求才子。鯁慰良深。是本作尉不作慰。
傳第七十九列女傳圖像丹青。流聲竹素。是本作象不作像。
又譙國夫人洗氏傳。遣使執暄繫州獄。是本作係不作繫。
傳第八十一慕容氏傳。時河冰未成。寶謂帝不能渡。是本作度不作渡。
傳第八十三蠻獠傳。伯犂等悅。遂爲嚮導。是本作鄉不作嚮。
凡此皆古字之僅存者。王氏於所舉四字後指爲偶合。謂未必因識字能如此云云。然余於王氏所舉外。又檢得二十餘字。似不能盡謂爲偶合也。

金造遠與象州逆均沿舊誤

傳第四十二婁昭之子定遠傳。穆提婆求其伎妾。定遠不許。因高思好作亂。提婆令臨淮國郎中金造遠陰與思好通。王氏謂案北齊書作郎中令告定遠云云。北史誤以令爲金。告爲造。而又脫定字。遂似有一郎中姓金名造遠者。是本亦誤作金造遠。又第七十八何稠傳。稠至五更掩及其洞。悉發俚兵以臨餘賊。象州逆州開府梁呢討叛夷羅壽羅州刺史馮暄討賊帥杜條遼羅州逆帥龐靖等相繼降款分遣建帥李大檳並平之。王氏謂象州逆下。刻本訛舛。當移帥杜條遼至分遣建十八字屬于下。而接以州開府云云。案隋書稠傳。與王氏之言相合。是本錯簡。正如所指。蓋其誤由來久矣。

錫衰

傳第六安定王休傳。及薨至殯。車駕三臨。帝至其門。改服裼衰。魏書本傳作裼衰。是本作錫衰。按周禮春官司服王爲三公六卿錫衰。鄭司農云。錫麻之滑易者。十五升去其半。有事其布。無事其縷。

景午景子

傳第二十崔仲方傳。仲方上書論取陳三策云。至今開皇六年。歲次庚午。合三百七載。又云。陳氏草竊。起於庚子。至今庚午。又子午爲衝。陰陽之忌。錢氏考異云。開皇六年。歲在丙午。唐人避丙稱景午。又云。陳武帝以丙子歲自爲丞相錄尚書事。明年受禪。此庚子庚午。亦景子景午之譌。是本正作景午景子。

時本多闕文

明監本武英殿本。本史頗有闕文。即汲古閣本校勘較愼。亦所不免。如紀第五魏孝莊紀。永安二年秋七月以柱國大將軍太原王爾朱榮爲天柱大將軍。下是本多癸酉臨潁縣卒江豐斬元顥傳首京師甲戌以大將軍二十一字。按此條汲古閣本不闕

傳第三魏宗室元丕傳。燕州刺史穆羆論移都事臣聞黃帝下。是本多都涿鹿古昔帝王不必悉居中原帝曰黃帝十七字。

傳第六十九劉獻之傳。獻之語諸從學者儻不能然雖復不句。是本復不二

字作復下。以下多帷針股躡屩從師正可博聞多識不過爲士龍乞雨眩惑其於二十四字。

傳第八十和士開傳。士開說武成以國事分付大臣於是委趙彥深下。是本多掌官爵元文遙掌財用唐邕掌外兵白建掌騎兵馮子琮胡長粲二十五字。

又韓鳳傳。紀段孝言監造晉陽宮事。見孝言役官夫匠自下。是本多營宅即語云僕射爲至尊起臺殿□未訖何用先自營造鳳及穆提婆二十六字。

舊唐書

宋刻殘本

石晉時劉昫等奉敕撰。原稱唐書。自歐宋重修本出。始以舊字別之。鐵琴銅劍樓瞿氏藏宋刻殘本。存志第十一至十四。第二十一至二十五。第二十八至三十。傳第十五至二十八。第三十八至四十七。第五十至六十。第七十八至八十三。第一百十五至一百十九。第一百二十九至一百三十四。第一百四十下至一百四十四上。凡六十七卷。又子卷二卷。卷末題左奉議郎充紹興府府學教授朱倬校正者十五卷。題右文林郎充兩浙東路提舉茶鹽司幹辦公事霍文昭校勘者九卷。同上銜蘇之勸校勘者二十四卷。題左從政郎紹興府錄事參軍張嘉賓校勘者六卷。同上銜徐俊卿校勘者六卷。案宋史朱倬傳。倬與丞相秦檜忤。出教授越州。是書題倬校正。當爲南宋初年刊本。

聞人詮刻本

舊唐書自南宋初年刊行後。越四百年。至明嘉靖。始有重刊之舉。校刻者餘姚聞人詮。同校者嘉興沈桐。卷首有聞人詮楊循吉文徵明三序。聞人序云。酷志復刊。苦無善本。弭節姑蘇。窮搜力索。吳令朱子遂得列傳於光祿張氏長洲賀子隨得紀志。於守溪公遺籍俱出宋時模板。督同蘇庠。嚴爲校刻。肇事於嘉靖乙未。卒刻於嘉靖戊戌。文序云。是書嘗刻於越州。卷後有教授朱倬名。沈子僅得舊刻數册。較全書才十之六七。於是徧訪藏書之家。殘章斷簡。悉取以從事。校閱惟審。一字或數易。歷數寒暑。乃就厥緒。按宋刻每半葉十五行。行二十五字。嘉靖覆刻。行數相同。特每行增多一字。

宋刻明刻之異同

志第十四歷三。求九服所在每氣蝕差節。

宋刻本
并二率半之六而一爲夏率二率相
減六一爲差置總差六而一爲氣半
氣差以加夏率又以總差減之爲冬
率（冬率即是冬至之率也）每以氣差加之各爲每
氣定率

明刻本
并二率半之六而一爲夏總差減之
爲冬率（冬率即是冬至之率也）每以氣差加之各
差以加夏率又以率二率相減六一
爲差置總差六而一爲氣半氣爲每
氣定率

志第二十一地理四廣州中都督府節

宋刻本
其年又以義寧新會二縣立岡州今
督廣韶端康岡雜藥隴竇義雷循潮
十四州永徽後以廣桂容邕安南府

明刻本
其年又以有經略軍管鎭兵五千四
百人其衣糧輕稅本道以自給廣州
刺史充嶺南五府經略使天寶元年

皆隸廣府都督統攝謂之五府節度　改爲南海郡乾元元年復爲廣州
使名嶺南五管天寶元年改爲南海
郡乾元元年復爲廣州州內有經略
軍管鎭兵五千四百人其衣糧輕稅
本道以自給廣州刺史充嶺南五府
經略使
傳第一百四十六李白傳

宋刻本　明刻本
天寶初客遊會稽與道士吳筠隱於　天寶初客遊會稽與道士吳筠隱於
剡中旣而玄宗詔筠赴京師筠薦之　剡中旣嗜酒日與飲徒醉於酒肆
于朝遣使召之與筠俱待詔翰林白

既嗜酒日與飲徒醉於酒肆

聞沈刻是書時。所據宋本原有殘缺。沈氏附識惠借藏書者陳沂王延喆王穀祥張汴四人。皆吳中藏書之家。是本鈐有紹興府鎮越堂官書印者數卷當時必尚弆藏越中。聞人氏近在咫尺。惜竟未能訪及。遂有校閱惟審一字數易之語。故不能盡與宋本合也。

殿本無異重修

沈德潛校刊殿本跋語曰。姚江聞人詮視學江南。徧訪遺籍。殘編斷簡。彙而成帙。其書復行于世然志多闕略表全散軼。且紀志中多前後譌舛之文不能復還其舊也。臣等奉勅校勘。合之新書以核其異同。徵之通鑑綱目以審其裁制。博求之通典通志通考與夫英華文粹諸書。以廣其參訂。又曰參錯者更之。謬誤者正之。其辭義可疑而無從證據者。俱仍原文凡以存闕文闕疑之意也似此殆無異於重修。故有宋明二本。俱無其文。而獨見於殿本者。且以文義觀之。有時且似轉勝於舊本也。清道光中揚州羅士琳劉文淇輩嘗校明刻是史。以歐宋未修新書以前宋人所撰之書爲之考證。其異於今之殿本者。往往轉與太平御覽册府元龜元和郡縣志太平寰宇記唐會要諸書相合。然則清代重修之本。抑猶有未可盡信者矣。

殿本闕文

德潛所言。校刊似極審愼。卽有與明本不盡合者。宜亦必詳加考訂而後下筆矣。然疏忽之處。仍所不免。如

志第九音樂二。制氏在太樂能記鏗鏘鼓舞河間下。奪王著樂記八佾之舞與制氏不甚相遠又舞八佾之明文也漢儀云二十六字。適當明本一行。是蓋寫錄之時。漏觀本行。致將前行與後行誤接。

又高宗成蓬萊宮充庭七十二架下。奪武后遷都乃省之皇后廟及郊祭並二十架十七字。是必誤認七十二架字爲十二架。故逕與下文同舞八佾接。志第十七五行。洛水泛溢壞天津橋漂流居人廬舍溺死者數千人三年下。奪夏山東河北二十餘州大旱饑饉死者二千餘人　景龍二年正月二十五字。亦適當明本一行。

志第二十一地理四。戎州中都督府。以處生獠也下。奪戎州都督府羈縻州十六武德貞觀後招慰羌戎開置也二十二字。亦適當明本一行。

傳第一百三十五下袁滋傳。行及中路拜檢校吏部尙書平章事劍南西川節度使下。奪賊兵方熾滋懼而不進貶吉州刺史俄拜義成軍節度使二十二字。是必誤認上節度使三字爲下之節度使。故逕與下文百姓立生祠禱之接。

志第一百四十九上高麗傳．因下馬再拜以謝天延壽下．奪惠眞率十五萬六千八百人請降太宗引入轅門延壽二十一字．是亦必誤認上延壽二字爲下之延壽．故逕與下文等膝行而前接．

右列六條．明本並無脫漏．館臣覆校．竟未檢得．此亦德潛鄭重申明之時所不及料者也．

叛換　進旨　卽目　條流

傳第十六房元齡傳．高昌叛換於流沙．吐渾首鼠於積石．第三十四裴行儉傳．吐蕃叛換．干戈未息．第九十九歸崇敬傳以兩河叛換之徒．初稟朝命．此叛換二字．殿本均改作叛渙．

紀第十一代宗紀．其天下見禁囚．死罪降從流．流已下釋放．左降流人移隸等．委司奏聽進旨．傳第一百十五溫造傳．卽合待罪朝堂．候取進旨．第一百四十下吳通玄傳。天子召集賢學士于禁中草書詔。因在翰林院待進旨。遂以爲名。此進旨二字。殿本均改作進止。傳第一百二十九張濬傳。張濬所陳。萬代之利也。陛下所惜。卽目之利也。　第一百三十二高駢傳。逆黨人數不多。卽目弛於防禁。此卽目二字殿本均改作卽日。

傳第二十七崔玄義傳。兼採衆家。皆爲解釋。傍引證據。各有條流。　第一百十五柳公綽傳。乃下中書條流人數。自是吏不告勞。　又柳仲郢傳。武宗有詔減冗官。吏部條流。欲牒天下州府。取戶額官員。此條流二字。殿本均改作條疏。

右列諸字。宋明刻本均同。校刊殿本者不過以其罕用。疑有譌誤。遂易以形近之字。習見之詞。然未免蹈竄亂古書之弊。

錢氏攷異有異字

錢大昕精於史學。其所撰廿二史攷異。論本書地理者。關內道鳳翔府下改雍州爲鳳翔縣句。謂州字衍。而明本實作雍縣不作雍州。又河南道河南府下領洛鄭熊穀嵩管伊汝管句。謂兩管字必有一誤。而明本實作伊汝魯不作伊汝管。又鄆州下天寶元年改爲河陽郡句。謂河陽當爲濟陽之譌。而明本實作濟陽不作河陽。又棣州下猒次漢當平縣句。謂當平蓋富平之譌。而明本實作富平不作當平。（以上均見志第十八）又山南道利州下漢葭萌縣地屬爲漢壽縣句。謂屬當作蜀。而明本實作蜀不作屬。（見志第十九）錢氏多讀異書。斷無不見聞沈刻本之理。而茲二卷者。以上文所言證之。則似爲其所未覩。殊不可解。

殿本訂正錯簡有小誤

紀第十一第十六至十八葉。第二十至二十二葉。明本均有錯簡。經殿本訂正。惟永泰四年秋七月。癸未詔下至理之代上。殿本增以天下刑官濫刑七字。按上文三月壬申省減吏員詔。並不先著理由。今增七字。恐非原文。又五年二月戊戌李抱玉下。應接移鎮盩厔。按原文移鎮上有鳳翔二字。殿本删去。竊謂此二字不當删。其上且似脫一自字。蓋抱玉原爲鳳翔節度使。因改充山南西道節度使。故移鎮盩厔。若無此自鳳翔三字。則下文鳳翔軍忿發云云。轉似無根。又八年春。甲子（上文似脫二月二字）御史大夫李栖筠彈吏部侍郎徐下。殿本旁注闕字。其下接丁卯幽州節度使朱泚加檢校戶部尚書封懷寧郡王。其下又接徐浩薛邕違格並停知選事。按徐浩傳。浩爲吏部侍郎。坐以妾弟冒選託侍郎薛邕注授京尉。爲御史大夫李栖筠所彈。上文懷寧郡王下。有徐浩薛邕違格並停知選事句。是李栖筠所彈者。必即其人其事。竊以爲李栖筠彈吏部侍郎徐下。宜與徐浩薛邕云云相接。於事方合。特衍一徐字耳。殿本插入丁卯幽州云云二十一字。似有未愜。

志第一第六至十六葉明本有錯簡亦經殿本訂正惟殿本考證云自是五精之神五星所奉矣下應接以其是人主之象云云原本以字譌矣下誤接其又以五方帝五帝五官從祀云云共誤二千三百餘字今查自五方帝至百寮會議實有三千五百字又云以睿宗配下應接其五方帝五人帝五官從祀原本誤接太常博士獨孤及獻議共三千三百餘字今查自太常博士獨孤及獻議至有司之過也實祇一千九十八字又云詔百寮會議下應接太常博士獨孤及獻議至末原本誤接天是人主之象云云共四千二百餘字今查自以其是人主之象至以睿宗配實有四千五百六字

唐書

宋小字本

天祿琳琅有唐書。行密字整。結構精嚴。於仁宗以上諱及嫌名。定爲嘉祐奉敕所刊之本。有李安詩梅谷樹德堂諸印。儀顧堂題跋。宋本新唐書每半葉十四行。行二十五字。中有會稽李安詩題語。並有梅谷樹德堂印。此必一書析而爲二。陸氏藏本今已流出海外。曩歲至靜嘉堂觀書。乞假景印。中缺各卷。以爲天祿琳琅本必可牉合。詎訪之故宮書已無存。北平圖書館亦有同式之本。然所存卷帙尤少。

未幾上海書肆以一殘宋本來。云是商邱宋氏故物。亦小字本也。半葉十六行。行三十字。左右宋諱避至高宗止。字細如髮。筆致勁秀。鐫印俱佳。余爲傅沅叔作合。今入於雙鑑樓矣。同爲密行細字。可與陸本相配。然仍有短闕。因以南宋閩本足之。

南宋閩本

是書先爲繆藝風所藏。半葉十行。行十九字。目後有建安魏仲立宅刊行木記。宋諱亦避至仁宗止。藝風定爲出自北宋。刊於南宋。其後歸於余友劉翰怡。翰怡畀余景印。版刻絶精。展閱不忍釋手。惜闕去四十餘卷。無從補配。故難印行。

時本闕文可補

北宋小字本。可補時本闕文甚多。如

地理志第二十八。陝州陝郡夏縣注下。比時本多芮城二字及注望武德二年以芮城河北永樂置芮州貞觀元年州廢以永樂隸鼎州芮城河北來屬三十三字。

藝文志第五十。盧受采集二十卷下。多王適集二十卷喬知之集二十卷十三字。崔液集十卷張說集下多二十卷蘇頲集六字。

宰相表上第一。貞觀四年二月甲寅珪爲侍中節下多七月癸酉瑀罷爲太子少傅一行。

又表下第三。乾符元年十一月彥昭爲門下侍郎節。畋爲中書侍下多郎兼禮部尚書攜爲中書侍郎十二字。

何詰何止

傳第一則天順聖皇后武氏傳。凡言變吏不得何詰。又上官昭容傳。是時左右內職皆聽出外。不何止兩何字時本均作呵。按史記秦本紀。太史公引賈生之言陳利兵而誰何。如淳注何。猶問也。是當作何不作呵。

放命

傳第二十六蕭復傳。又言陛下厥初清明。自楊炎盧杞放命。穢盛德播。又第二十八章雲起傳。因劾奏內史侍郎虞世基御史大夫裴蘊怙寵放命。兩放字時本均作妨。按尚書堯典方命圮族。孔疏鄭王以方爲放。謂放棄教命是放字當不誤。

鬻紙

傳第一百十七張巡傳。士日賦米一勺。齕木皮鬻紙而食。時本鬻字作鬻。按鬻卽煑字。見周禮。此正與上文齕木皮相應。時本作鬻。實因形似而訛。

何國

傳第一百四十六下康傳。東安或曰小國。曰喝汗。在那密水之陽。東距何二百里許。時本東距何作河。按上文枝庶分王。曰安。曰曹。曰石。曰米。曰何。曰火尋。曰戊地。曰史。是何爲一小國名。不當作河。時本實誤。以上四則均見北宋小字本

霜儉

傳第二十三馬周傳。往貞觀初。率土霜儉。按紀第二太宗紀。貞觀元年八月。河南隴右邊州霜。又五行志第二十六貞觀元年秋霜殺稼。又三年。北邊霜殺稼。又傳第二十六魏徵傳。徵上十漸疏。亦言貞觀初頻年霜旱。又舊書太宗紀貞觀元年。亦云是月關東及河南隴右沿邊諸州霜害秋稼。是霜儉云者。謂因霜而歲儉。時本易爲荒儉。蓋以霜儉二字較生。故臆改耳。

趣虎牢者秦王非竇建德

傳第二十五封倫傳。初竇建德援洛。王將趣虎牢。倫與蕭瑀諫不可。按竇建德傳。武德四年。建德發兵三十萬救世充。壁成皐東原。築營板渚。遣使與世充約期。又遺秦王以書。三月。王進據虎牢。倫傳所稱建德援洛者。卽指此事。王卽秦王也。時本乃作竇建德援洛陽。無王字。一似趣虎牢者。是建德而非秦王。與事實全反矣。

皇甫政無殺姪事

傳第七十六關播傳。元平貸死。流珍州。會赦還。住剡中。觀察使皇甫政表其至以發帝怒。遂流死賀州。按舊書李元平傳。亦言會赦得歸剡中。浙東觀察皇甫政表聞其到。以發上怒。時本表其至三字乃作殺其姪。是必表至二字。略有蝕損。覆刊之時。誤認殘形。以表爲殺。以至爲姪。眞所謂毫釐千里矣。

新羅王妃非淑氏

傳第一百四十五新羅傳。永貞三年。使者金力奇來謝。且言往歲册故主俊邕爲王。母申太妃。妻叔妃。按舊書同傳。亦言力奇上言。貞元十六年奉詔册臣故主金俊邕爲新羅王。母申氏爲太妃。妻叔氏爲王妃。時本誤叔爲淑。與上文母申之文。不相應矣。以上四則均見南宋小字本

殿本衍文一

殿本表第八方鎭表第五葉乾元二年後。接三年至十四年。其十年下第五格。有漳潮二州隸嶺南經略使十字。是爲第六葉。第七葉接上元元年。按肅宗紀乾元二年後。卽爲上元元年。又上元元年閏月己卯。大赦改元。舊書亦云乾元三年閏四月己卯。改乾元爲上元。是乾元實祇有二年。又漳潮二州於天寶十載。改隸嶺南經略使。已見上文。此誤增之一葉。與南宋閩本本卷第四葉天寶三載至十四載。文字完全重複。特易載字爲年字。不知殿本何以有此衍文。

舊五代史

薛史遺蹟

宋史太祖紀開寶六年四月戊申。詔修五代史。玉海稱是年四月二十五日。詔梁後唐晉漢周五代史。宜令參政薛居正監修。盧多遜扈蒙張澹李穆李昉等同修。至十年閏十月甲子。書成。凡百五十卷。目錄二卷。其事凡記十四帝。五十六年。爲紀六十一。志十二。傳七十七。居正本傳。則監修五代史。在開寶五年。王鳴盛已辨其誤。晁氏讀書志。同修者尙有劉兼李九齡二人。或刊本結銜如是也。

湮沒之由

宋史選舉志。朱子議設諸經子史時務各科試士。諸史以左傳國語史記兩漢爲一科。三國晉書南北史爲一科。新舊唐書五代史爲一科。唐書兼舉新舊。而五代史僅舉其一。維時歐史盛行。所指必非薛史。又金史選舉志。學校以經史子課士。均指定當用之書。諸史則史記用裴駰註。前漢書用顏師古註。後漢書用李賢註。三國志用裴松之註。及唐太宗晉書。沈約宋書。蕭子顯齊書。姚思廉梁書陳書。魏收後魏書。李百藥北齊書。令狐德棻周書。魏徵隋書。新舊唐書。新舊五代史。皆國子監印之。授諸學校。至章宗泰和七年十一月癸酉。詔新定學令內。削去薛居正五代史。止用歐陽修所撰。按金泰和七年。當宋寧宗開禧三年。爲朱子歿後七年。竊意是時南朝先已擯廢薛史。北朝自知文化不逮。故起而從其後。自是薛史遂微。元九路分刊十七史。明南北監兩刊二十一史。均不之及。

明清之際尚有存本

四庫總目謂惟明內府有之。見於文淵閣書目。按閣目字字號第三廚書目存五代史十部。十册者六十四册者一。十五册者二十六册者一。均不注卷數。亦不分別新舊。使悉爲薛史。不應通行之歐史反無一存。且薛史刊本絕少。亦不應流傳如是之夥。如謂兼而有之。更不應一無區別。再以所分册數考之。亦似近於歐史而遠於薛史。頗疑總目所言誤也。以余所知。明萬曆間連江陳一齋有是書。所記卷數與玉海合。見世善堂書目。淸初黃太冲亦有之。見南雷文定附錄吳任臣書。全謝山謂其燬於水火。連江陳氏所藏。陸存齋謂嘉慶時散出。趙谷林以兼金求之不可得。蓋亦必化爲劫灰矣。

歙縣汪氏藏金刊本

昔聞人言。歙縣汪允宗德淵嘗有是書。爲金承安四年南京路轉運司刊本。允宗余故人也。方其在日。從未道及。余初未之信。嗣獲見其今事廬筆乘數則。乃知所聞爲不虛。今錄如左。

薛書於南唐書多乖誤　薛居正等修五代書，在開寶中，其時江南未平，不見南方舊史，故於楊行密傳頗多謬誤，蓋但據張昭遠所記及唐年補錄，故行密事多無次序也，惟於中原戰爭，則較他史完密，尤非歐陽修所可及。

黃梨洲之薛書　黃梨洲有薛居正五代書，（原注自胡梅磵引之作史，後人多稱爲舊五代史矣。）實得於淡生堂，吳任臣作十國春秋，嘗向之假閱，然觀任臣於南唐降周諸表，未嘗采錄全文，殆未借得，梨洲生前藏書，嘗毀於水，身後再灾於火，據全紹衣所記，梨洲此書實爲水毀。（謝山二老閣藏書記，有垂老遭大水及身後一火之語，或水或火，似未斷定。）予前得金大定本，（與余所聞爲承安本不合，然相距不遠，或一爲始工之始，一爲蕆事之期。）署名稱五代書，因國事而質沒，至今思之，有餘惜也。

薛居正五代書亦稱史　宋以來於薛氏五代書，多稱爲五代史，予所見金大定刻本，實作五代書，又觀薛氏於諸傳之互見者，往往有某人見某書，或某書有傳，或見本書某處，是皆書之證也，然霍彥威傳於霍存則曰存梁史有傳。此又薛氏書史雜出之證。宜在宋時書與史互出無定名。而宋以後則皆通稱爲史。蓋沿胡身之所云矣。

有友又錄其貨書記見眎。今併錄之。亦足證其實有是書也。

予舊庋金南京路轉運司刊薛氏五代史一百五十卷。元大德己亥孫粹然張公俊刊於廣信書院之稼軒長短句十二卷。宋刊李好古碎錦詞一卷。元刊詩傳通釋二十卷。（安成劉瑾）蔣國祚刊袁宏後漢紀三十卷。宋刊歷代紀年十卷。（晁公邁）又棉紙大方册本唐吳兢所撰貞觀政要十卷。（日本足利時刊本）舊抄（以紙色決之。當爲明人所抄。且有謝在杭印及許芳城藏小章。許爲明末遺老。新安人也。）元黎崱安南志略十九卷。民國四年乙卯三月。日本要脅我國甚亟。能我援者厥惟英國。而英日方有同盟條約。日本並以讒說蔽英。予憤其詐。與同志一二自香港電告英倫。發日狡謀。方苦資用無出。予遂取諸書貨於一粵估。得銀幣一千三百元。用爲電費。顧此僅供五次通

電復陸續募諸同志以濟斯急計是役所耗逾七千元幸英人覺悟日謀得少延緩而予歷歲搜羅精本斥其半矣五月十三日追記於此

依是觀之則汪氏確有其書而其書確已歸於他人余展轉追尋又似其書尚在人間惝怳迷離莫可究詰蓋亦在若存若亡之際矣

四庫輯本

四庫館開餘姚邵晉涵取永樂大典所引薛史掇拾成文冀還眞面不足以册府元龜所引補之均各記其所從出卷數又不足則取宋人所著如太平御覽五代會要通鑑考異等書凡數十種或入正文或作附注亦一一載其來歷四庫館臣復加參訂書成奏進勅許刊行最先刻者爲武英殿本主其事者盡削其所注原輯卷數彭元瑞力爭不從人皆惜之

嘉業堂劉氏刊本勝於殿本及四庫寫本

近人南昌熊氏。得四庫全書寫本。據以景印。所注原輯卷數尙存。余友劉翰怡得甬東抱經樓盧氏藏本。亦當時所傳錄者。並已版行。所列附注。獨多原輯卷數。亦未删削。凡得一千三百七十條。視殿本多五百三十八條。視庫本多四百七十一條。雖殿本有三十九條。庫本有三條。爲劉本所無。然較短絜長。總以劉本爲最備。且劉本卷七十一有鄭元素傳。庫本無之。卷九十六有淳于晏傳。殿本無之。又卷九十八張礪傳。文字亦視殿庫二本爲詳。

長洲章氏藏孔葓谷校邵氏稿本

長洲章式之同年。嘗迻錄孔葓谷校邵氏稿本。余假得之。留案頭者數月。悉心讐校。亦有異同。卷中附注。劉本有而孔本無者。三百八十一條。有而不全者二十三條。孔本有而劉本無者。六十五條。式之謂邵氏所輯。不免偶誤。館臣有所增補改正。且孔氏所校。亦非據邵氏原稿。故與劉氏所得鈔本。又有不同。

清代忌諱字均删改

武英殿本及四庫寫本，因清代以異族入主中夏，多所忌諱，變易字句，已非薛氏原文。惟劉孔二本，尚存邵氏原輯之舊，然劉本已不若孔本之完善矣。今摘舉其所變易者如左。

卷五梁太祖紀開平三年下況靈旂北指喪犬羊於亂轍之間　犬羊改羆貙

卷十梁末帝紀龍德元年下故有犬戎猾夏之師　犬戎猾夏改邊裔狡逞

卷十二郴王友裕傳克用令胡騎連射　胡改蕃（以下或改蕃或改部或改虜或删去不複錄）

卷二十三王景仁傳時鎭定作逆朋　蕃醜改沙陁

附蕃醜

卷三十七唐明宗紀天成元年下僞　明改順以下或改命不復錄

署幽州節度使盧文進率戶口歸明

卷四十五唐閔帝紀應順元年下天　寇改敵以下或改騎或改兵不復錄

子避寇古亦有之

卷四十八唐末帝紀淸泰三年下戎　戎王改契丹主以下歷見或不綴主字或改北主均不復錄

王並以漢軍與石敬瑭

卷八十晉高祖紀論召戎爲援獫狁　召戎爲援改彊鄰來援　獫狁改契

自茲而孔熾　丹

卷八十二晉少帝紀開運元年下飛　賊改敵以下歷見或改人字不復錄

矢蔽空賊軍稍却

卷八十三晉少帝紀杜威召諸將議　戎首改北主

曰戎首自來實爲勍敵

卷八十五晉少帝紀得僞詔慰撫帝　僞改敵

表謝之

又僞詔應晉朝臣僚一切仍舊　僞改契丹主（以下或但改契丹不復錄）

又陘卽蕃王避暑之地也　蕃王改契丹

卷八十九劉昫傳契丹主降僞命授　降僞命三字删（以下凡僞旨僞詔或僅一僞字均删去不復錄）

昫守太保

卷九十三張仁愿傳及契丹犯闕　犯闕改入汴（以下或改去汴或改入中原不復錄）

卷九十五皇甫遇傳嘗爲遮虜軍使　虜改塞（以下或改國或改境不復錄）

又沈贇傳侍中父子誤計陷於腥膻　腥膻改契丹　氊幕改氈幕

忍以氈幕之衆殘害父母之邦

又吳巒傳豈有禮義之人而臣於異　異類改異姓

類乎

卷九十六王瑜傳會北戎盜據中夏　北戎盜據改契丹據有以下戎字或改北或改兵或改方不復錄

又瑜說欽祚曰若不西走當爲左衽　爲左衽改屬契丹

矣

卷九十七楊光遠傳生禽酋長李和　酋長改其將以下僅一酋字者改長字不復錄

等數十人送於闕下

又盧文進傳中國所爲虜中悉備　虜中二字改者

卷九十八趙德鈞傳因名良鄉縣以　虜改鈔

備虜寇

又蕭翰傳時虜主死漢高祖已建號　虜主死三字删
於太原
又崔廷勳傳幼陷虜廷　虜廷改契丹
卷九十九漢高祖紀天福十二年下　僞命改契丹所命
三月壬辰丹州都指揮使高彥珣殺
僞命刺史
卷一百十周太祖紀乾祐二年下五　賊將改主字不叠砦字不成文
月九日攻河西砦賊將周光遜以砦
及部衆千餘人來降
卷一百十五周世宗紀顯德二年下　戎心改兵端
厚啓戎心誘爲邊患

卷一百十九注世宗既下江北節舍　華改內夷改外以下夷字或改部落或改人字不復錄
華事夷
卷一百二十周恭帝紀顯德六年下　東夷改高麗　夷王改其王
尙輦奉御金彥英本東夷人也奉使
高麗稱臣于夷王故及于罪
卷一百三十三馬希範傳注丁思僅　驅契丹改誅仇敵
節引軍直趨京師驅契丹
卷一百三十七契丹傳武皇曰逆賊　夷狄改部落
未殄不可失信于夷狄
又案巴堅種落賤類豈有退避之理　種落賤類改生長邊地
又案巴堅乃僭稱皇帝　僭改自

又案巴堅深著亂華之志　亂華改闢地

卷一百三十八吐蕃傳黑水靺鞨其　皆編髮改尙質朴　兇改猛

俗皆編髮性兇悍

卷一百四十四樂志旋屬胡虜爲亂　胡虜改烽火

明法罔修

右列諸字大都指契丹而言本與清室無涉康雍以來屢興文字之獄而懲羹吹虀者遂不免多所顧忌其夷胡二字有絕不相干者亦一律加以删改專制淫威可以想見然遺漏亦正不少則校者之疎略也

五代史記

宋慶元刊本

是本半葉十行。行十八字。版心魚尾上記大小字數。下記刻工姓名。卷第十八末葉。有慶元五年魯曾三異校定一行。第二十三第二十四第三十四第五十七第五十八亦均刊此一行。但不記年號。宋諱朗匡貞徵戍讓煦愼敦等字均闕筆。然既署慶元。則必刻於寧宗時也。按中興館閣續錄。曾三異臨江軍人。端平元年三月。以承務郎主管潭州南嶽廟。充祕閣校勘。二年九月。除太社令。又宋史藝文志有曾三異宋新舊官制通攷十卷。又宋新舊官制通釋二卷。直齋書錄解題。周益公解相印。編定六一居士集。屬舊客曾三異校正。益完善無遺恨云云。是三異必一學識淹貫之士。且甚服膺歐公者。故於校正六一居士集外。又校刊是史也。雍正江西通志稱三異爲三聘弟。三聘宋史有傳。臨江新淦

人三異乃自署曰魯著蓋追紀其祖籍耳

宋刊別本

半葉十二行行二十二字前有建安陳師錫序僅存本紀十二卷亦余友傳沅叔所藏有人目爲北宋刊本然以字體鐫工考之恐已入於南宋矣慶元本闕序目卽以是本補完其家人傳目例先后妃次子次叔兄弟及兄弟之子而傳文則反是獨漢家人傳又先姪贇而後弟信徐注指爲便於述事其他傳文與目相反者殆亦以此然梁家人傳目友孜後爲友文而傳文又先友文而後友孜此與述事無涉疑目誤也又第四十八尹暉有傳無目第五十五盧損有目無傳不知慶元本原目何如也

吳縝纂誤所指此不誤

宋吳縝五代史纂誤今由永樂大典輯出者尚存一百十二事如

第六唐明宗紀贊其即位時春秋已高不邇聲色不樂遊畋在位十年謂明宗在位止七年七月可強名八年以爲十年則誤是本作七年不作十年

第十四唐皇后劉氏傳同光二年四月己卯皇帝御文明殿遣使册劉氏爲皇后謂按莊宗紀乃是同光二年二月癸未立皇后劉氏與此不同未知孰是是本作同光二年癸未無二月二字

第三十一周臣傳贊治君之用能置賢知於近謂按上下文意此治君之用當是治國之君傳寫之誤爾是本作治國之君

第三十六義兒李存孝傳求救於幽州李厈威厈威兵至謂按王鎔傳乃是李匡威作厈則非按此乃避太祖諱末闕二筆是本作匡威

四庫總目亦以吳氏所稱唐明宗趙鳳罷一條又晉出帝紀之射雁於繁臺周太祖之甲辰均與今本不同疑爲後來校刊者追改上文所舉四條事當相同

然吳氏糾擿者多何訂正者僅限此數字且曾氏長於校勘亦不應有所挂漏是亦一疑問也

吳蘭庭纂誤補所指此不誤

淸吳蘭庭惜縝所撰纂誤之亡失因著纂誤補其所訂正時本各條洵足補縝之闕也如

第五唐莊宗紀同光三年三月龍驤指揮軍使姚彥溫以前鋒軍叛降于李嗣源嗣源下當仍有嗣源二字是本重嗣源二字

第九晉出帝紀如京師使李仁廓使于契丹此衍師字是本無師字

第十三梁皇后張氏傳天福元年后以疾卒按通鑑注云張后殂於唐昭宗天祐元年是本作天祐不作天福

第十七晉高祖諸子傳重胤鄭王此鄭字當亦郯字之誤是本作郯不作鄭

第三十八宦者傳漢瓊西迎廢帝于潞。此潞字當是路字之誤。是本作路不作潞。

第六十職方攷秦漢有成漢有階漢有鳳漢有此四漢字俱當作蜀字。是本作蜀不作漢。

第六十五劉鋹世家鋹喜曰韶桂連賀本屬湖南。韶字係昭字之誤。是本作昭不作韶。

　錢大昕考異所指此不誤

錢大昕廿二史考異。於時本亦多所訂正。如

第十一周太祖紀請立泰寧軍節度使贇爲嗣。泰寧當作武寧。是本作武寧。

第十四唐皇后劉氏傳後嫁契丹突厥李贊華。突厥當作突欲。是本作突欲。

第四十六康福傳。乃拜福涼州刺史河西軍節度使。不書朔方節度。但書河西節度。是舍重而舉其輕也。是本不脫朔方二字。

第五十二張彥澤傳敗契丹於秦州。秦當作泰。是本作泰。

第五十九司天攷二天福五年十一月丁丑日有食之。開運元年三月戊子日有食之。日均當作月。顯德三年十二月癸酉日有食之。亦月食非日食。是本均作月不作日。

第六十職方攷定梁有義成。義成當作義武。是本作義武。

第六十二南唐李景世家始改名景以避周廟諱。按時本作始改名璟。實誤。是本作景不作璟。

第六十八閩王審知世家。唐以福州爲武威軍。當作威武軍。是本作威武。

王鳴盛商榷所指此不誤

王鳴盛十七史商榷。亦有考正時本之謬誤者。是本均與相合。如第一梁太祖紀。天復元年天子復立。立當作位。是本作位。

第二又乾化元年正月救流罪以下因求危言極諫。因當作囚。是本作囚。

第十二周太祖紀。顯德三年八月課民種禾。禾當作木。是本作木。

第十四唐太祖家人克寧傳。存顥等各遣其妻入說孟氏數以迫克寧。孟氏下應重孟氏二字。此脫。是本不脫。

又太祖子傳。莊宗大怒以兵圍其第而族之。此莊宗弟而云族之。必有誤。是本作誅不作族。

第十五秦王從榮傳。從榮尚忌宋王從厚。尚當作常。是本作常。

第二十四唐臣郭崇韜傳。唐軍東保楊劉彥章圖之。圖當作圍。是本作圍。

第四十一盧光稠傳。劉龔已取韶州。龔當作龑。是本作龑。

第四十七皇甫遇傳。以重威爲都招討使。重上脫杜字。是本不脫。

第六十三前蜀世家論贊。予讀蜀書。脫書字。是本不脫。

第六十五楚馬希範世家。開封承制。封當作府。是本作府。

時本訛奪多可糾正

其他時本訛奪爲吳錢王諸氏所未指及。亦可賴是本以資糾正者。如

第二梁太祖紀。開平三年注。克丹州無主將姓名。不脫克字。按若無克字。則似謂丹州無主將姓名。而正文之首惡王行思爲不可通矣。

第十二周世宗紀。顯德元年。殺左羽林大將軍孟漢卿。不誤漢瓊。按舊史周紀。亦作漢卿。殿本考證云監本脫瓊字。今增正。蓋館臣誤漢爲瓊也。

第二十四郭崇韜傳。梁兵日掠澶相取黎陽衛州。不脫取字。按梁末帝紀。龍德二年八月。段凝攻衛州執其刺史李存儒。舊史梁末帝紀下龍德二年八月。段凝張朗攻衛州下之。蓋衛州本屬唐。此時爲梁所奪。故當有取字。

第二十五周德威傳。以功遷衙內指揮使。袁建豐傳。明宗爲衙內指揮使。又義兒李嗣昭傳。爲衙內指揮使。均不誤內衙。按唐末至宋初。各鎮將多以親子弟爲衙內官。宋代尚有某衙內之稱。其明證也。

第二十六張延朗傳。以租庸吏爲鄆州糧料使。不作租庸使。按下文梁興始置租庸使。領天下錢穀。是租庸使爲掌度支最高之職。似無降爲鄆州糧料使之理。則當以租庸吏爲是。

第四十二李罕之傳。遺子顥從于梁以乞兵。不作遺子頎。按下文罕之子名頎者。早留於晉。罕之背晉歸梁。晉王幾欲殺頎。則是往梁乞兵者。必是顥非頎無疑。

第四十五袁象先傳。末帝卽遣人之魏州以謀告楊師厚師厚遣裨將王舜賢至洛陽。疊見師厚二字。今時本不疊見。則似末帝徑自遣舜賢至洛陽矣。

第四十八高行周傳。契丹滅晉留蕭翰守汴翰又棄去。不脫下翰字。今時本無下翰字。則似契丹將汴棄去矣。

第五十六史珪傳。爲寧晉樂壽縣令。寧晉不誤晉寧。按寧晉與樂壽。在唐時同屬河北道。地望相近。新唐書昆州有縣四。晉寧居其一。然昆州在巒州之列。隸戎州都督府。且舊唐書又作普寧。則作晉寧者非矣。

第六十五南漢世家篇末注。皇朝開寶四年。不作宋開寶。又東漢劉承鈞世家。太祖皇帝嘗因界上諜者。繼元世家太祖皇帝以詔書招繼元出降。又太祖皇帝命引汾水浸其城。又太宗皇帝御城北高臺受降。均不脫皇帝二字。此蓋未經後人删改。猶足考見歐徐原文。

第六十九南平高季興世家。季興因請夔忠等州爲屬郡。屬不誤蜀。按屬郡謂以夔忠等州爲己所屬之郡也。作蜀者非。

宋史

元至正本

元順帝紀。至正三年四月。（據遼史卷首聖旨。則在三月。）詔修遼金宋三史。以中書右丞相脫脫爲都總裁官。遼史先成。金史次之。至五年十月。表進宋史。凡本紀四十七卷。志一百六十二卷。表三十二卷。列傳世家二百五十卷。又目錄三卷。翌年下杭州路雕板。板式每葉二十行。每行二十二字。板心魚尾上有紀志表傳等字及字數。下刻工姓名。或記或不記。舊藏內閣大庫。清末清理檔案。移歸北京圖書館。世人始獲見之。

明成化本

明成化間。桂陽朱英督兩廣軍務時。得漳浦陳布政家抄本。微有殘缺。復於浙中續得善本。以補完之。因其書不易得。乃謀梓行。至成化十六年刊成。英自爲之序。其板式每葉二十行。每行二十字。視元本減其二。板心中間紀志表傳。各爲卷第。魚尾上左宋史幾。右字數。葉號下左寫生姓名。右刻工姓名。卷首有阿魯圖進宋史表。修史官員銜名。中書省咨浙江等處行中書省鏤板公文。暨行省提調官銜名。此必從至正本出。書估每撤去朱英自序。冒稱元刻。庫本未出時。世人無從證其眞僞。故陸存齋儀顧堂題跋。亦誤認其所藏朱刻。爲杭州初刊祖本。嘉靖六年。錦衣衛閒住沈麟奏准校勘史書。禮部行文南京國子監。以祭酒張邦奇司業江汝璧任校脩之役。同時差取廣東原刻宋史付監。按南廱志經籍考。宋史好板七千七百零四面。裂破模糊板二千零四十三面。失者一百二十七面。今明監本間有板心無小字或有小字黑質白章者。必監本補刻之板。儀顧堂題跋指成化本爲元本翻雕。蓋誤以初刻爲元板。以補刻爲成化板也。

成化本前後序

成化本朱英序。多被書估撤去。讀者每未獲覩。後序尤爲罕見。惜已不全。今併錄如左。

前序

自古詳於紀事而遠於垂教者蓋莫如史唐虞三代之書不可尙矣春秋而後代有作者雖筆削在人褒貶義例不能無所論議然皆紀事當時垂教後世人得而錄之國學售之書肆莫不攷見古昔以爲師法裨益於人舊矣惟宋史一書雖已成於元儒之手當時藏之書府殆今百餘年尙在 世或有得而錄之者珍藏過於拱璧不輕假人而凡志學之士願見而不可得者殆饑渴之於飲食也雖幸陳子經通鑑續編之作人或見之然亦杯酌之間耳能飽人所欲而快人之心哉昔予在閩藩嘗假僚友之誼得錄於漳浦

陳布政所藏抄本于家惜奔走東西未遑一展比來兩廣邊務暇日欲取而正之以圖梓行適參政劉昌嘗與御史江泝謀始繕刻成十之一屬江已代去劉亦內艱回得僉事趙瑶來任其責不遠千里購漳浦舊本內多殘缺訛謬乃命教諭李元訓導廖蒨蒐磨訂正使魯魚亥豕不謬其間因揀義官彭章鄒鳳以典繕寫工直之費時得按察使嚴淦來任忻然樂於贊畫相與市材募楷書者日錄甫成又遭回祿之厄故所錄者多爲煨燼幸漳浦本獨存若有神明護之者時趙因公過浙閩之再購得名家所藏善本以寄嚴得而喜躬事督責期於必成令再更互參攷謬者正之缺者補之書垂成而工費不繼嚴又陞湖廣布政去得左布政使彭韶按察使閔珪快然爲經畫計以助其成蓋經始於成化辛卯十月刻成於庚子四月僉謂是書關繫甚大勞費不貲幾廢而復興者十年中厄回祿所以幸存於煨燼獲全於繡梓者蓋

亦昭昭佑善之私有在非偶然也宜序諸首簡庶後來有攷焉惟三代而後言治者莫如漢唐繼唐而善治者尤莫如宋宋德隆盛治教休明其間明良遭際所以同心同德輔成三百餘年之盛超漢唐而踵三代者率多後世師法其他道學淵源振起斯文之山斗忠節慷慨耿光千古之日星尤可仰而可學者具載此書今諸藩臬皆生長文獻有志聖賢事業者相與傳采區畫繡梓以傳之將使四方學者人得而讀之觀感興起景仰前脩懋隆德業以輔翊我皇明億萬斯年之鴻業丕緒於無窮者端在是矣其與人爲善裨益將來者豈小也哉書凡四百九十六卷本紀四十七志一百六十二表三十二列傳二百五十五視續編亦既詳略相仍巨細畢舉學者所宜參攷云成化十六年庚子春三月朔旦奉勅總督兩廣軍務兼理巡撫都察院右都御史桂陽朱英謹序

後序

宋史鋟梓既成總督兩廣軍務兼理巡撫都察院右都御史桂陽朱公喜而序之矣廣東藩臬諸公徵予序其後於乎史所以垂世而立教也宋有天下繼漢唐之治踰三百年自太祖太宗以至度宗凡十數君而中間賢臣彬彬濟濟以弼成一代之治而治體之純道學之粹遠追三代亦何其盛矣哉間有弗經者若嘉禾中之稂莠而不能逃夫公論之貶也史之所載自帝王而下若天文五行律曆地理或河渠禮樂或儀衛輿服至於選舉職官食貨兵刑以暨藝文宰輔宗室世系諸番來賓靡不備錄詳紀得司馬遷班固之法於乎盛矣哉是書修於元而未行於世迨今百餘年矣今都憲公廣詢博訪得全本而圖傳之會左布政使莆田彭韶右布政使石首袁愷左參政大理楊緯豐城丁璐右參政豐城熊懷左參議淳安徐鑑右參議閩清謝璠按察

使莆田嚴洤烏程閔珪副使連江林錦鬱林陶魯江都俞俊安福李瑢祁門程宏僉事晉江趙瑤道州趙弘閩縣陳廷玉進賢楊峻南昌羅經同志研稽鋟梓以行該而博正而嚴深欲示鑒戒之功不但託紀載之詳而已也是書行之天下國之典制胥此焉明人之善惡胥此焉辨將使爲君爲臣者動心奮志覽建（以下闕）

闕葉錯簡彌縫之謬

錢大昕廿二史考異孝宗紀淳熙七年十二月以新除成都府路提點刑獄祿東之權四川制置使應（成化本卷三十五第七葉尾）監本此下誤以第三十三卷之第十一葉攙入。按錢氏之言尙微有誤。監本行款與成化本不同。成化本第三十五卷第八葉監本全脫，卽以第九葉直接第七葉，文義雖不貫，猶不甚顯。而其所攙入之第三十三卷之第十一葉，亦爲成化本一全葉，乃以列入第三十五卷第九葉之次。其末句爲九月己酉楊存。與第三十五卷第十葉首句甲寅以謝廓然同知樞密院事。文義太不聯接。此葉文字。前見於第三十三卷。相去僅四十七葉。乃全已忘却。漫將楊存二字。改爲地震。以泯其迹。闕葉錯簡。事所恆有。而其謬乃在於不加尋究。擅改原文。猶不止此。成化本第七葉末所載爲七年十二月事。其誤接之第九葉。不及一行。卽爲夏四月云云。其中失去八年春季之事。何以全不覺察。一也。第九葉所載。爲夏四月至八月之事。其下誤攙第三十三卷之第十一葉。又復見秋七月八月之後。復見七月。仍不覺察。二也。萬曆重刊監本時。去南監補修廣東刻本爲時甚近。遇有疑義。何竟不取之一校。且任意作僞。以自欺欺人。武英殿本校刊之日。成化舊本。館臣豈一無弆藏。乃亦絕不措意。任其以訛傳訛。官事之不可信如此。

田況傳補闕一葉

傳第五十一田況傳。殿本尋爲陝西宣撫副使還領三班院保州雲翼軍殺州吏據闕城叛闕　詔況處。此下所缺。適當成化本第二百九十二卷第二十九葉一全葉。殿本闕字。不注於詔況處三字之下。乃疊注於殺州吏據與城叛之下。殊不可解。其所闕一葉。錢氏亦未校出。今錄如左。

置之既而除龍圖閣直學士知成德軍況督諸將攻以敕牓招降叛卒二千餘人阬其構逆者四百二十九人以功遷起居舍人從秦州丁父憂詔起復固辭又遣內侍持手敕起之不得已乞歸葬陽翟既葬託邊事求見泣請終制仁宗惻然許之師臣得終喪自況始服除以樞密直學士尙書禮部郎中知渭州遷右諫議大夫知成都府蜀自李順王均再亂人心易搖守得便宜決事多擅殺以爲威雖小罪猶并妻子徙出蜀至有流離死道路者況至拊循教誨非有甚惡不使遷蜀人尤愛之遷給事中召爲御史中丞既至權三

司使加龍圖閣學士翰林學士況鈎考財賦盡知其出入乃約景德會計錄以今財賦所入多於景德而歲之所出又多於所入因著皇祐會計錄上之以禮部侍郎爲三司使至和元年擢樞密副使遂爲樞密使以疾罷爲尙書右丞觀文殿學士兼翰林侍讀學士提舉景靈宫遂以太子少傅致仕卒贈太子太保謚宣簡況寬厚明敏有文武材與人若無不可至其所守人亦不能移也其論天下事甚多至併樞密院於中書以一政本日輪兩制館閣官一員於便殿備訪問以錫慶院廣太學與鎮戎軍原渭等州

張栻傳補闕一葉

傳第一百八十八張栻傳元本末葉爲第二十五葉前葉末句爲卒年四十有成化本行款已改然於有字下猶留墨板爲待訪補刻之地至北監本則於有字下增八字足成語氣以掩其不全之迹所闕一葉幸元本猶存今錄如左

八孝宗聞之深爲嗟悼四方賢士大夫往往出涕相弔而江陵靜江之民尤哭之哀嘉定間賜謚曰宣淳祐初詔從祀孔子廟栻爲人表裏洞然勇於從義無毫髮滯吝每進對必自盟於心不可以人主意悅輒有所隨順孝宗嘗言伏節死義之臣難得栻對當於犯顏敢諫中求之若平時不能犯顏敢諫他日何望其伏節死義孝宗又言難得辦事之臣栻對陛下當求曉事之臣不當求辦事之臣若但求辦事之臣則他日敗陛下事者未必非此人也栻自言前後奏對忤上旨雖多而上每念之未嘗加怒者所謂可以理奪云爾其遠小人尤嚴爲都司日肩輿出遇曾覿覿舉手欲揖栻急揜其窗欞覿慚手不得下所至郡暇日召諸生告語民以事至庭必隨事開曉具爲條教大抵以正禮俗明倫紀爲先斥異端毀淫祠而崇社稷山川古先聖賢之祀舊典所遺亦以義起也栻聞道甚早朱熹嘗言己之學乃銖積寸累而成如敬

夫則於大本卓然先有見者也所著論語孟子說太極圖說洙泗言仁諸葛忠武侯傳經世紀年皆行于世栻之言曰學莫先於義利之辨義者本心之當爲非有爲而爲也有爲而爲則皆人欲非天理此栻講學之要也子焯

宗室世系表可補一葉

余曾見一影元抄本。宗室世系表第三十二卷第十八葉。爲成化本所無。其文在成化本第二十三葉前半葉第六人時砻與第七人公躂彥嶼榕夫之間。成化本且亡佚。其他各本更無論矣。以其無用。故不補錄於此。又表中人名。半屬奇字。成化本尙沿其舊。時本每加改竄。期於易識。殊失名從主人之意。竊以爲非。

遼史

元刊本疑非初刻

遼史與宋史。同於至正三年三月奉旨開修。卷首有三月十四日二十八日聖旨各一道。次三史凡例。次四年三月進書表。次修史官員銜名。時本僅載進書表。餘均不存。按元刻金史。卷首江浙等處行中書省准中書省至正五年四月十三日咨文。有去年教纂修遼金宋三代史書即目遼金史書纂修了有如今將這史書令江浙江西二省開板等語。是遼金二史。必同時鐫刻。然以是本與北京圖書館所藏初刻金史相較。字體絕異。刻工姓名亦無一相合。而與涵芬樓所藏金史較。則字體相類。刻工姓名同者亦多。是此決非初刻。然徧觀海內外所存遼史。祇有此本。是否別有初刻。殊難斷言。

元刻多訛字

是本刊板粗率。訛字亦多。如延之誤廷。宮之誤官。徙之誤徒。隸之誤頡。給之誤紿。漠之誤漢。遺之誤遺。蕭之誤簫。及肅屢見不一見。其他訛舛亦指不勝屈。然究是最古之本。足以校正後出諸本者。猶自不少。

損闕之字不當臆改

余所見是史印本。漫漶者多。凡不易辨識之字。覆刻之時。理宜從闕。明清諸本。往往以己意補易之。竄以爲未當也。如紀第十八興宗紀重熙二年。宋遣曹琮來告母后劉氏哀章得象安繼昌來饋母后遺物。卽遺興聖宮使耶律壽寧給事中知制誥李奎充祭奠使。此卽遺興聖四字。印本多不可辨。諸本改作遼遣延昌。按延昌爲穆宗宮稱。興聖爲聖宗宮稱。任舉一名。已屬非是。卽遺云云語氣緊承上文。易爲遼字。於遼史自稱。語氣亦屬不合。

又以耶律寔高升耶律迪王惟允充兩宮賀宋生辰使副此寔字印本多模黏有僅存匡廓者諸本揣其形似易爲楚字亦失之矣

紀第八保寧三年又以潛邸給使者爲撻馬部置官堂之此堂字不可通必爲掌字之訛而諸本則改爲主字

志第三十一刑法志遼二百餘年骨肉屢相殘滅一語屢字僅存尸頭然細辨實爲屢字諸本改作自字亦涉武斷

句中疑字不當輕補

史有闕文聖人所許是本句中著疑字者甚多殆鐫板之時原書本文俱已損佚究爲何字不敢臆斷故著一疑字以代之此在宋刊南北諸史多有其例但彼則旁注小字此則列入正文如

紀第十九興宗紀重熙十三年詔富者遺行餘留屯疑天德軍諸本乃改疑

作田。

又第二十。重熙十九年。夏人侵邊敵魯疑遣六院軍將海里擊敗之。諸本乃改疑作古。

又第二十一。重熙二十四年。百僚上表固疑許之。諸本乃改疑作請。

又第二十四。道宗紀大安元年。以樞密直學士杜公疑參知政事。諸本乃改疑作謂。

志第二。營衛志行營。長城以南多疑多暑。諸本乃改疑作雨。

又隋契丹十部。元魏疑莫勿賀勿于畏高麗蠕蠕侵逼率車三千乘衆萬口內附。諸本乃改疑作末。

志第四。兵衛志。天贊四年疑親征渤海。諸本乃改疑作又。

以上七疑字。原有可以揣測而得者。不必疑而疑之。正見其鄭重不苟。後人覆

刻任意改竄不知妄作殊失闕疑之意矣

鈎魚

紀第一太祖九年十月鈎魚于鴨淥江第四太宗會同二年十二月鉤魚于土河第八景宗保寧七年十月鈎魚土河第十二聖宗統和七年十二月鈎魚于沈子濼第十三統和十五年十二月鈎魚土河第十四統和二十七年正月鈎魚土河第十五開泰二年七月鈎魚曲溝第十六太平二年正月如納水鈎魚又三年正月如納水鈎魚第二十興宗重熙二十四年八月焚鈎魚之具第二十一道宗清寧四年正月如鴨子河鈎魚第二十二咸雍三年正月如鴨子河御安流殿鈎魚第二十七天祚帝乾統七年正月鈎魚于鴨子河又天慶元年正月鈎魚于鴨子河又二年二月幸混同江鈎魚表第六十八遊幸表景宗保寧九年十月鈎魚于赤山濼又聖宗統和元年十一月鈎魚于近州又七年十

二月.鈎魚于曲水濼.又二十一年十一月.鈎魚于周河.又開泰二年十月.鈎魚于長濼.傳第一百二蕭奉先傳.上幸混同江鈎魚.第一百十六國語解.上歲時鈎魚.得頭魚.輒置酒張宴.鈎魚二字凡二十二見.殿本全作釣.檢南監本亦同.北監本獨見國語解一條作鈎.餘亦均作釣.按本史營衛志.秋冬違寒.春夏避暑.隨水草就畋漁.歲以爲常.又云.春捺鉢曰鴨子河濼.皇帝正月上旬起牙帳.約六十日方至.天鵝未至.卓帳冰上.鑿冰取魚.按鴨子河卽混同江.於聖宗太平元年改名.捺鉢爲畋漁所在之地.長江大河.形勢宏闊.亦非投竿垂綸之區.頗疑釣字不協.及檢遼史拾遺.引程大昌演繁露.糾正其誤.語焉甚詳.其言曰.燕北雜錄.載契丹興宗重熙年間衣制儀衞打圍射鹿鈎魚等事.於景祐五年十月撰進.又曰.達魯河鈎牛魚.虜中盛禮.意慕中國賞花釣魚.然非釣也.鈎也.又曰.其鈎是魚也.虜主與其母皆設次冰上.先使人於河上下十里間.以毛網

截魚。令不得散逸。又從而驅之使集虜帳。其床前預開冰竅四。名爲冰眼。中眼透。旁三眼環之不透。第斵減令薄而已。薄者所以候魚。而透者將以施鈎也。又曰。魚之將至。伺者以告虜主。卽遂於斵透眼中用繩鈎擲之。無不中者。據此可以證元本之正。及監本殿本之非。然則書顧不貴初刻乎。

汋者

志第三十一刑法志皇妹秦國公主生日。帝幸其第。伶人張隋。本宋所遺汋者。大臣覺之以聞。召詰款伏。按周禮秋官掌士之八成一曰邦汋。鄭氏註斟汋盜取國家密事。若今時刺探尚書事。張隋爲宋遺至遼之間諜。汋者取義蓋本於此。明人覆刻。不加深究。竟認爲殘缺之的字。妄補數筆。而文義遂不可通。殿本亦沿其誤。

金史

元刊有三本

余所見元刊金史凡三本。一。至正五年原刊。卷首有進書表。修史官員提調官銜名。書法圓潤。鐫法精整。今在北平圖書館。然不全。其二。亦元刻本。卷首有江浙等處行中書省所受中書省咨文。暨行省各官銜名。字較瘦弱。然摹刻勝於遼史。余定爲初覆本。其三。字體板滯。版心上下有闊黑口。余定爲再覆本。均半葉十行。行二十二字。原刊初覆。版心上分記紀志表傳及字數。下記刻工姓名。惟再覆本無之。

各本殘缺可補

南北監本暨殿本初版。志第十四禮志原廟。傳第十四太宗子宗磐傳。各闕一葉。又紀第十四宣宗貞祐三年。志第三十七百官志八作左右院表第四交聘表章宗泰和五年傳第四壛保傳又第一百二十五蔡松年傳各有殘闕施國祁金史詳校謂元本具存得以考補是本正同惟傳一百一抹撚盡忠傳詔盡忠爲左副元帥兼西京留守各本原缺西京二字又重綵百段亦原缺百字施氏未經指出或偶爾遺漏未可知也

施氏詳校所據爲後印本

施氏金史詳校竭廿餘年之力讀十餘過始觀厥成宏博精審洵稱傑作惟其所據借自蔣槐堂之元本與余所見元本又有異同

施氏自言其間各本皆譌者則曰某字當作某各本紀二太祖紀遺宗斡止之施云斡當作幹是本原作幹並不作斡　紀五海陵紀貞元二年持环校施云當作持杯玫是本原作杯不作环惟校字仍誤

各本互譌者以南本爲主則曰某字元作某是北作某是或云某字元作某

非。北作某非各本紀第十六宣宗紀元光元年。西面節度使。施云西面未詳。
元作西西亦譌。是本乃作平西不作西西。　志第十二禮志雜儀。後恐大豐。
施云元作復恐大豐。是是本乃作復恐太豐。不作大豐。
各本俱脫者。則曰當加某字。各本志第三十七百官志侍儀司注。率捧案擎。
施云此下當加執。是本原有執字。
各本俱衍者。則曰某字當刪。各本傳第八宗亨傳。札八詐稱降。施云稱字當
刪。是本原無稱字。　傳第二十二耨盌溫敦思忠傳。與習泥烈僧行。施云僧
字當刪。是本原無僧字。
上文所舉。是本諸字皆見於原刊或初覆本者。與施氏所據之本皆不同。此不
過略舉其例。其他類是者不一而足。然則施氏所見者。猶非最勝之本歟。

大小字互易之商榷

施氏指摘寫刊錯誤者七科。其中有二。曰小字誤大。凡八見。曰大字誤小。凡三見。均各言之成理。然亦有可商榷者。

志第五地理志。慶州北至二十八字。又泰州北至二十二字。施云當降作小注。按本史地理志。府州境載四至者。祇此二州。他境無例可援。惟淨州桓州。均有北至某某如干里之語。亦作正文。即不降作小注。於體例亦無不合。

志第三十七百官志。都巡河官注大定二年設滹沱河巡河官二員施云十三小字當升作大字。改入上諸都巡河官文上。按本節專言職掌之事。若以設置之事。插入正文。似於上下文義反欠聯貫。

攷異所指有誤

不獨施氏。即錢大昕所見者。亦微有誤。此可證諸廿二史考異。

紀第十章宗紀。承安二年八月。左宣徽使奮尙書右丞。錢云奮字不見於字書。必是傳寫之訛。是本乃作育。

傳第十二宗翰傳蒲家奴宗翰魯宗翰宗磐副之。錢云。宗翰字重複。上翰字當爲幹之譌。魯字疑衍。是本乃作蒲家奴宗翰宗幹宗盤副之。

傳第六十七張仲軻傳宋余康弼賀登寶位。錢云。康當作唐。是本原作唐。又貞元二年正月宋賀正旦使施臣朝辭。錢云臣當作鉅。是本却不作鉅亦不作臣。但作巨。

烏帶傳剜改遺跡

書經翻刻。必多錯誤。傳第七十烏帶傳。諸本皆以言本名三字綴於上唐括辯傳尾。而以烏帶二字提行。錢大昕廿二史攷異譏爲可笑之甚。然若不見元刊初印本。實不知其致誤之由。元本每行二十二字。烏帶傳第一行乃二十六字。第二行乃二十五字。均顯有剜改痕迹。是必刊刻之時。誤以此傳與上唐括辯傳連綴爲一。嗣覺其誤。乃剜改提行。而剜改之時。又誤將言本名三字留於上行。其下適空七字。與本傳第一二行所增字數相合。覆本已無剜改之迹。然行字獨增。亦尚可追其致誤之由。若南北監本及殿本。則行字均已改成一律。遂泯然無縫矣。

元史

前後開修兩次

目錄後宋濂記。洪武元年十二月。詔修元史。明年春二月丙寅開局。至秋八月癸酉。成紀三十有七卷。志五十有三卷。表六卷。傳六十有三卷。順帝無實錄。遺使行天下。涉於史者。令郡縣上之。又明年春二月乙丑開局。至秋七月丁亥。又成紀十。志五。表二。傳三十有六。錢大昕謂綜前後廑三百三十一日。古今史成之速。未有如元史者。而文之陋劣。亦無有如元史者。非虛言也。

宋濂續修後記

元史分兩次修成。殿本削去宋濂後記。又臆改李善長進書表。將前後所修紀志表傳卷數。併而爲一。殊失眞相。今補錄宋濂後記如左。

洪武元年秋八月上既平定朔方九州攸同而金匱之書悉入於祕府冬十

有二月乃詔儒臣發其所藏纂脩元史以成一代之典而臣濂臣褘實爲之總裁明年春二月丙寅開局至秋八月癸酉書成紀凡三十有七卷志五十有三卷表六卷傳六十有三卷丞相宣國公臣善長率同列表上已經御覽至若順帝之時史官職廢皆無實錄可徵因未得爲完書上復詔儀曹遣使行天下其涉於史事令郡縣上之又明年春二月乙丑開局至秋七月丁亥書成又復上進以卷計者紀十志五表二傳三十又六凡前書有所未備頗補完之其時與編摩者則臣趙壎臣朱右臣貝瓊臣朱世濂臣王廉臣王彝臣張孟兼臣高遜志臣李懋臣李汶臣張宣臣張簡臣杜寅臣俞寅臣殷弼而總其事者仍臣濂與臣褘焉合前後二書復釐分而附麗之共成二百一十卷舊所纂錄之士其名見於表中者或仕或隱皆散之四方獨壎能始終其事云昔唐太宗以開基之主干戈甫定即留神於晉書勅房玄齡等撰次

成編人至今傳之欽惟皇上龍飛江左取天下於羣雄之手大統既正亦詔脩前代之史以爲世鑒古今帝王能成大業者其英見卓識若合符節蓋如是於戲盛哉第臣濂等以荒唐繆悠之學義例不明文辭過陋無以稱塞詔旨之萬一夙夜揣分無任戰兢今鏤板訖功謹繫歲月次第於目錄之左庶幾博雅君子相與刊定焉洪武三年十月十三日史臣金華宋濂謹記

進書表之誤改

今再摘錄李善長進書表中數語如左.

元本	殿本
所譔元史本紀三十七卷志五十三卷表六卷傳六十三卷目錄二卷通計一百六十一卷凡一百三十萬六	所撰元史本紀四十七卷志五十三卷表六卷傳九十七卷目錄二卷通計二百十卷凡一百三十萬六千餘

千餘字謹繕寫裝潢成一百二十册　字謹繕寫裝潢成一百二十册

按所改卷數。與元本刊成卷數。併子卷計之。實際相合。宋濂記中有合前後二書復釐分而附麗之共成二百十卷之語。可覆按也。李表若自元統以後則其載籍靡存已遣使而旁求俟續編而上送云云。原與宋記相呼應。今以改本核之。則似元統以後。悉已蒐羅。全史告成。無須續輯。前後語氣豈非自相矛盾。又李表字數爲一百三十萬六千餘。今增入續修之書五十三卷而字數一如其舊。抑何可哂。

殿本衍文

洪武本紀第三十六文宗紀第九葉末。後至元六年六月以帝謀爲不軌使明宗飲恨而崩詔除其廟主放燕。此下複出紀四十順帝紀第六七葉後至元六年放逐燕帖古思詔書中語遐之後祖母太皇太后至揆之大義削去云云。凡四百字。適足一葉。前後並不銜接。（今已撤去）北監本改易行款。仍誤刊入第九第十葉之間。殿本沿之。讀者更無從索解矣。

殿本錯簡

洪武本志第五授時曆議下。第十五十六葉前後互倒。南北監本其誤相同。殿本改易行款。又仍葉號之譌。於是顚倒錯亂。令人目眩。其文紀三國以來日食。至宋慶元元年。尚未完畢。忽雜入前代月食之文。南朝劉宋元嘉十一年後繼以趙宋嘉泰二年。元至元十四年後。繼以梁中大通元年。慶元元年下疊見授時曆一行。劉宋元嘉十三年十二月己巳望食一更三唱食既下。因有所闕。特加授時曆三字以彌之。次行又接大明曆虧初午初二刻云云。併日月食爲一事。如此乖謬。校刊者竟未之覺。何也。

殿本闕文

志第二十六祭祀志。宗廟攝祀儀四曰迎香。獻官司徒大禮使助奠官下。殿本脫從於輿後至廟入自南門至神門外百官儀衛皆止太常卿博士御史導輿三獻司徒大禮使助奠爵官四十字。志第四十七兵志。鎭戍。泰定四年十二月河南行省議設萬戶府。摘軍五千名下。脫設萬戶府隨省鎭遏樞密院議自至元十九年十八字。傳第二十七達識帖睦邇傳。張士信逼取江浙行省左丞相符印。徙達識帖睦邇下。脫居嘉興事聞朝廷卽就以士信爲江浙行省左丞相達識帖睦邇二十五字。然此非自殿本始。明監本卽已如是。

殿本改譯剜刻原書

淸乾隆四年。武英殿版既已刊行。至四十六年。高宗以原書譯名舛誤。復命館臣詳加釐定。取原用之人名地名官名物名。一一改正。此於書後附一對表。自可了然。乃不此之圖。而就原書剜刻。有時所改之名。不能適如原用字數。於是取上下文而損益之。滅裂支離。全失本相。余嘗得一部。坊肆以原改兩本配合者。新舊雜糅。幾於不可卒讀。乾隆之世。號稱太平。物力豐盛。何以不重刊新版。而爲此苟且塞責之圖。殊不可解。

改譯口語爲文言

紀第二十九泰定帝紀。其卽位詔。洪武本爲直譯口語。乾隆四年刊本。僅軍上的諸王句。易上作士。其餘文字悉同。至後來修改之本。則全譯爲文言。雖見雅馴。然失却本來面目。史以傳信。非所宜也。

洪武本原文	乾隆修改本譯文
癸巳卽皇帝位於龍居河大赦天下詔曰薛禪皇帝可憐見嫡孫裕宗皇帝長子我仁慈甘麻剌爺爺根底封	九月癸巳卽皇帝位於龍居河大赦天下詔曰朕考晉獻武王色辰皇帝之嫡孫裕宗皇帝之長子也聖慈眷

授晉王統領成吉思皇帝四个大斡耳朶及軍馬達達國土都付來依著薛禪皇帝聖旨小心謹慎但凡軍馬人民的不揀甚麽勾當裏遵守正道行來的上頭數年之間百姓得安業在後完澤篤皇帝教我繼承位次大斡耳朶裏委付了來已委付了的大營盤看守著扶立了兩个哥哥曲律皇帝普顏篤皇帝姪碩德八剌皇帝我累朝皇帝根底不謀異心不圖位次依本分與國家出氣力行來諸王

愛封授晉王統領青吉斯皇帝四大鄂爾多及軍馬達勒達國土就國以後恪遵色辰皇帝聖旨小心謹慎凡軍馬人民一切事宜咸由正道而行故數年之間羣臣各敬其事百姓得安其業嗣後諤勒哲圖皇帝命朕繼承藩服仍統領四大鄂爾多及北邊軍馬翼戴朕兄庫魯克皇帝布延圖皇帝朕姪碩迪巴拉皇帝歷事累朝無貳爾心以繼朕皇考固讓之志恪恭厥職屏衛王家朕之行事諸王宗

哥哥兄弟每衆百姓每也都理會的　室臣民皆所素知今大行皇帝上賓
也者今我的姪皇帝生天了也麽道　迤南諸王大臣軍士及諸王駙馬臣
迤南諸王大臣軍上的諸王駙馬臣　僚達勒達百姓等咸謂天位不宜久
僚達達百姓每衆人商量著大位次　虛乾綱固有專主近屬之中惟朕爲
不宜久虛惟我是薛禪皇帝嫡派裕　色辰皇帝嫡曾孫裕宗皇帝嫡冢孫
宗皇帝長孫大位次裏合坐地的體　以長以親於義皆無可讓況大行晏
例有其餘爭立的哥哥兄弟也無有　駕事變非常及今加意撫綏猶恐皇
這般晏駕其間比及整治以來人心　皇未定宜早正宸極鎮安百姓使天
難測宜安撫百姓使天下人心得寧　下人心得寧朕以臣民勸戴之故俯
早就這裏即位提說上頭從著衆人　順輿情九月初四日即位於青吉斯
的心九月初四日於成吉思皇帝的　皇帝之大鄂爾多布告中外咸與維

大斡耳朶裏大位次裏坐了也交衆　新可大赦天下

百姓每心安的上頭赦書行有

又洪武本無九月二字．以英宗紀三年秋七月辛卯朔及本卷同年十一月己丑朔推之．泰定帝卽位之日．爲九月初四日．爲癸巳．此癸巳實屬於九月無疑．原文蓋誤脫也．

重出之傳殿本未删盡

元史列傳複出．爲前人所糾者．凡十有八．或爲本人．或爲其附見之父若祖子若孫．乾隆刻改之版．去其一而留其一者．凡五．去雪不台．（原見傳第九）留速不台．（見傳第八）改曰蘇布特．去忽刺出．（原附見傳第二十直脫兒傳）留直脫兒．（見傳第十）改曰齊都爾．去重喜．（原附見傳第二十塔不已兒傳）留塔不已兒．（見傳第十）改曰塔本哲爾．去完者拔都．（原見傳第二十）留完者都．（見傳第十八）改曰諤勒哲圖．去阿答赤．（原附見傳第二十二杭忽思傳）留杭忽思．（見傳第十九）改曰哈噶斯．而任其重出者凡八。曰阿朮魯。見傳第十改曰額斯倫。又附見於其孫懷都。改曰輝圖傳中。見傳第十八曰也蒲甘卜。見傳第十改曰額卜甘布。又附見於其子昂吉兒。改曰昂吉爾傳中。見傳第十九曰石抹也先。見傳第三十七改曰舒穆嚕額森。又復見石抹阿辛。見傳第三十九改曰舒穆嚕愛新。曰譚資榮。見傳第五十四又附見於其子譚澄傳中。見傳第七十八昔人著書。後人取而刪訂之。原無不可。乃同一重見之文。而或棄或取。漫無抉擇。恐仍是隨手掇拾而已。

明史

乾隆殿板有修改本

明史修成。在清雍正末年高宗繼位之後。武英殿刊板。至乾隆四年竣工。至四十年。高宗以元時人地名對音訛舛譯字鄙俚諭令改訂。並就原板扣算字數刊正。越二年。館臣籤改進呈。高宗又以本紀所載事實每涉疏略。特派英廉程景伊梁國治和珅劉墉等考覈添修。並有親閱鑒定重刊頒行之語。未幾又續派于敏中錢汝誠爲總裁。其後杳無所聞。近歲故宮博物院檢獲修正刊本。僅本紀二十四卷。影印行世。余取校初板。其蒙古人地名汗號官職。均已改譯。增補字句。每卷溢出數行乃至數十行。多有僅涉文辭於史事全無出入者。此不過受命諸臣。奉有考覈添修之諭。勉爲敷飾。聊自塞責耳。館臣籤改進呈。必爲全書。添修之後。本紀既已重刊。何以未見頒行。志表列傳當經剜改。何以亦未摹印。余頗疑本紀改刊。其他亦待覆刻。嗣以高宗倦勤。境過情遷。不加督責。事遂中輟。仁和邵懿辰四庫簡明目錄標注明史下注。在方略館見乾隆末年改定之本。惜已不全。僅列傳百數十卷。中多簽改。繙譯人名地名。亦間引他書簽改本文。似乎未曾改刊云云。是志表列傳固未重刊。而亦未嘗剜改也。

王氏補輯考證

殿本諸史均有考證。明史係出欽定。臣下不敢有所評騭。故獨闕如。逮高宗一再指摘。受命考覈諸臣。乃敢爲之。長洲王茀卿丈光緒中入值軍機處。於方略館獲見卷一百十六至卷三百三十二。凡二百十六卷。列傳人地名改譯及修改字句處。用黃籤黏書進呈之本。繼又得稾本四十餘卷。卷面題總裁英閱總裁于閱總裁錢閱及纂修官黃輯宋輯協修官嚴輯章輯羅輯等字。案語與進呈本略同。最後又搜得正本三百冊。自卷一百十八至卷三百二十八。闕卷二百五十二至二百五十六凡二百六卷．每卷題明史卷幾考證．並詳考總裁纂修協修諸臣科第歷官年月．定爲此書告成．在乾隆五十年以前．因取所得諸本參觀互證．汰其文義複沓及空衍無關宏指者．輯成四十二卷．題曰明史考證攟逸哲嗣君九克承先志．復就文津閣四庫寫本校對．證爲完書．且增輯三十餘條．以補其尊人所據原書之闕．先後由嘉業堂劉氏刊行．

◎(945731)

校史隨筆

二冊

版權所有翻印必究

中華民國二十七年十月初版
中華民國二十八年九月再版

每部實價國幣壹元捌角
外埠酌加運費匯費

著作者　張元濟

發行人　王雲五　長沙南正路

印刷所　商務印書館

發行所　商務印書館　各埠

(本書校對者鮑嘉祥)

G一二〇上